CE2
cycle 3

Sindbad le marin
et autres histoires

D1241929

La Baba Yaga
Conte populaire russe

**Les lézards
de César**
Olivier de Vleeschouwer

Sindbad le marin
Conte populaire oriental

**Farces
pour écoliers (2)**
Pierre Gripari

Notes de **Pascal Dupont**
Formateur
IUFM Midi-Pyrénées

hachette
ÉDUCATION

PAPIER À BASE DE
FIBRES CERTIFIÉES

Ⓗ hachette s'engage pour
l'environnement en réduisant
l'empreinte carbone de ses livres.
Celle de cet exemplaire est de :
700 g éq. CO$_2$
Rendez-vous sur
www.hachette-durable.fr

ISBN : 978-2-01-116480-3
© Hachette Livre 2004, pour la présente édition
58 rue Jean Bleuzen, CS 70007, 92178 Vanves Cedex
www.hachette-education.com

De la littérature, pour quoi faire ?

Les apprentissages fondamentaux : parler, lire, écrire ne sauraient se résumer à des savoir-faire décontextualisés et vides de sens. Ouvrir aux enfants la porte de la littérature, c'est les introduire dans des univers imaginaires, leur permettre de répondre à des questions existentielles à travers des œuvres de fiction, susciter leur curiosité et leur appétit d'apprendre.
À partir de ces références littéraires, les enfants se constitueront une première culture qui entrera en résonance avec les expériences et les lectures à venir.

Quelles œuvres choisir ?

Le bibliobus Hachette propose aux jeunes lecteurs des œuvres intégrales classiques et contemporaines propres à nourrir leur réflexion, à faire naître des interrogations, et qui sont adaptées à leur connaissance de la langue et à leur compréhension.
Elles sont sélectionnées parmi la bibliographie de 180 titres établie par le ministère de l'Éducation nationale et le fonds de romans des éditions Grasset Jeunesse.

Devenir lecteur

On le sait depuis longtemps : il ne suffit pas d'avoir appris à lire pour devenir lecteur. Le goût et le plaisir de lire ne peuvent se développer qu'à partir de rencontres fréquentes avec les textes.
Il convient donc, avant tout, de lire beaucoup.

Les adultes accompagneront les enfants sur le chemin de la lecture en lisant eux-mêmes des textes à haute voix et à travers des débats qui peuvent être très libres. Ils donneront ainsi aux enfants l'occasion de partager des émotions, d'éprouver leur liberté d'interprétation tout en les guidant dans leur compréhension.

Ainsi, ils les aideront peu à peu à tisser des réseaux de significations entre différentes œuvres.

La littérature à l'école

L'école s'est fixé deux objectifs majeurs pour le cycle 3 dans ses programmes.

L'un qualitatif : « Le programme de littérature du cycle 3 vise à donner à chaque élève un répertoire de références appropriées à son âge. Il permet ainsi que se constitue une culture commune susceptible d'être partagée, y compris entre générations ».

L'autre quantitatif : « Chaque année, deux classiques doivent être lus et au moins huit ouvrages appartenant à la littérature de jeunesse contemporaine ».

Il appartient aux éducateurs : enseignants, parents, médiateurs du livre, de relayer cette ambition.

Pascal Dupont
Formateur à l'IUFM Midi-Pyrénées

Conte populaire russe

La Baba Yaga

Raconté par Afanassiev
Traduit du russe par Lise Gruel-Apert

Illustré par Rebecca Dautremer

Il était une fois un vieux et une vieille qui avaient une fille. Devenu veuf, le vieux se remaria. La méchante marâtre prit la fillette en haine, ne cessant de la battre et ne rêvant qu'à s'en débarrasser.

Un jour que le père était absent, elle dit à sa belle-fille :

« Va chez ma sœur, ta tante, et demande-lui une aiguille et du fil pour te coudre une chemise ! »

Or, cette tante n'était autre que la Baba Yaga en personne.

La fillette, qui n'était point sotte, courut d'abord chez sa tante à elle :

« Bonjour, tata !

– Bonjour, ma chérie ! Que se passe-t-il ?

un veuf :
un homme dont la femme est morte

une marâtre :
une belle-mère qui maltraite ses enfants

sot :
bête, idiot

sa tante à elle :
la sœur de sa mère qui est morte

7

– Mère m'envoie chez sa sœur lui demander une aiguille et du fil pour me coudre une chemise ! »

un bouleau :
un arbre à l'écorce blanche

cingler :
frapper un coup vif avec une fine branche

le seuil :
le pas de la porte

Alors, sa tante la mit en garde :
« Là-bas, ma nièce, quand le bouleau essaiera de te cingler les yeux, attache-le avec un ruban. Là-bas, quand les battants du portail, grinceront et s'efforceront de te frapper, verse de l'huile sur le seuil. Là-bas, quand les chiens se jetteront sur toi pour te mettre en pièces, lance-leur du pain. Là-bas, quand le chat voudra te sauter à la figure pour t'arracher les yeux, donne-lui du jambon ! »

La fillette se mit en route et ne tarda pas à arriver.

une chaumine :
une petite maison au toit recouvert de paille

tisser :
fabriquer du tissu

Tout à coup, devant elle, apparut une chaumine. Dedans était assise la Baba Yaga-jambe d'os, occupée à tisser :
« Bonjour, tante !
– Bonjour, ma chère !
– Mère m'envoie te demander une aiguille et du fil pour me coudre une chemise !

un métier :
une machine qui
sert à fabriquer
le tissu

une étuve :
toute petite pièce
dans laquelle on
prend des bains
de vapeur

**Être plus mort
que vif :**
être paralysé
par la peur

– Fort bien. Assieds-toi et tisse en m'attendant. »

Tandis que la fillette s'installait au métier, la Baba Yaga sortit et dit à sa servante : « Va faire chauffer l'étuve pour laver ma nièce. Surtout frotte-la bien, car je veux en faire mon déjeuner ! »

La fillette, qui avait tout entendu, restait là, plus morte que vive.

Quand la servante vint la chercher, la pauvre petite lui fit cadeau d'un foulard et la pria ainsi :

« Quand tu feras brûler les bûches, ma bonne, arrose-les sans compter, ne plains surtout pas l'eau que tu verseras dessus ! »

une bûche : un gros morceau de bois que l'on brûle dans la cheminée

Et la Baba Yaga se mit à attendre. Elle s'approcha de la fenêtre et questionna : « Tu tisses toujours, ma nièce ?
– Mais oui, mais oui, tante, je tisse ! »

ne pas plaindre : ne pas économiser, mettre en abondance

Quand la Baba Yaga se fut éloignée, la fillette en profita pour donner au chat du jambon et pour lui demander :
« Dis-moi comment faire pour m'en aller ?
– Tiens, voici un peigne et une serviette, répondit le chat. Prends-les et fuis, car la Baba Yaga va te pourchasser. Sans t'arrêter de courir, tu colleras de temps à autre l'oreille contre la terre pour savoir où elle est. Dès que tu l'entendras venir, tu jetteras la serviette derrière toi. Alors une rivière immense se mettra à couler. Si jamais la Baba Yaga parvient à la traverser et te talonne à nouveau, colle derechef l'oreille contre terre et, quand elle sera tout près, jette le peigne : se dressera alors une forêt infranchissable qu'elle ne pourra traverser ! »

talonner : suivre de très près

derechef : de nouveau

infranchissable : qu'on ne peut traverser

11

La fillette s'en alla en emportant peigne et serviette.

Quand les chiens voulurent se précipiter sur elle, elle leur jeta du pain et ils la laissèrent passer.

Quand les battants du portail voulurent se refermer sur elle en claquant, elle versa de l'huile sur le seuil et ils la laissèrent passer.

Quand le bouleau voulut lui cingler les yeux, elle lui attacha les branches avec un ruban et il la laissa passer.

besogner :
travailler durement

Le chat, lui, besognait, assis devant le métier à tisser, emmêlant à vrai dire plus de fils qu'il n'en démêlait.

La Baba Yaga s'approcha de la fenêtre et questionna :

« Tu tisses toujours, ma nièce ?

– Mais oui, mais oui, tante, je tisse ! » ronronna le chat.

s'aviser :
se rendre compte

tancer :
disputer vivement

La Baba Yaga bondit à l'intérieur et, s'avisant du tour qu'on lui avait joué, elle se mit à battre et à tancer le chat pour n'avoir pas arraché les yeux de la visiteuse :

« Depuis le temps que je te sers, répondit le chat, jamais tu ne m'as abandonné le plus petit os et elle, elle m'a donné du jambon ! »

rudoyer :
frapper violemment

malmener :
brutaliser

La Baba Yaga se jeta vers les chiens, vers le portail, vers le bouleau pour les rudoyer et les malmener tour à tour.

Les chiens de dire :

« Depuis le temps que nous te servons, jamais tu ne nous as jeté la moindre croûte, même brûlée, et elle, elle nous a donné du pain !

Le portail de continuer :

« Depuis le temps que je te sers, jamais tu n'as versé la moindre goutte d'eau sur mon seuil, et elle, elle y a versé de l'huile ! »

Le bouleau d'ajouter :
« Depuis le temps que je te sers, jamais tu n'as attaché mes branches avec le moindre fil, et elle, elle les a attachées avec un ruban ! »
Et la servante de renchérir :
« Depuis le temps que je te sers, jamais tu ne m'as donné le moindre chiffon, et elle, elle m'a fait cadeau d'un foulard ! »
La Baba Yaga-jambe d'os monta au plus vite sur son mortier et, ramant de son pilon, effaçant les traces à l'aide de son balai, elle se mit à filer à la poursuite de la fillette. Celle-ci colle son oreille contre terre et, entendant la poursuite, elle se saisit de la serviette, la jette derrière elle : aussitôt, une rivière immense se mit à couler. La Baba Yaga en grinça des dents de fureur. Elle partit chercher ses taureaux, qui burent toute l'eau.
Voilà la Baba Yaga qui fonce à nouveau. La fillette colle l'oreille contre terre et entend la course. Alors, elle jeta son peigne et une forêt sombre et terrifiante se dressa. La Baba Yaga voulut la ronger mais ses efforts furent vains, elle ne put en venir à bout et rebroussa chemin.

renchérir : ajouter en plus à ce qui vient d'être déjà dit

un mortier : un gros bol utilisé en cuisine dans lequel on réduit en poudre les aliments

un pilon : un instrument qui sert à écraser les aliments dans le mortier

ronger : couper avec ses dents

vain : inutile

rebrousser chemin : revenir en arrière

15

De retour au logis, le vieux s'inquiéta :
« Où est ma fille ?

– Elle est allée chez sa tante », répondit la marâtre.

Au bout de peu de temps, la fillette arriva en courant.

« Où étais-tu ? demanda le père.

– Ah, père, si tu savais ! dit-elle. Mère m'a envoyée chez ma tante lui demander une aiguille et du fil pour me coudre une chemise, mais ma tante, c'est la Baba Yaga et elle a voulu me dévorer !

Et comment t'es-tu échappée ? »

La fillette raconta.

Quand le vieux sut tout ce qui s'était passé, il se mit en colère contre sa femme qu'il tua d'un coup de fusil. Et il se mit à vivre avec sa fillette en amassant du bien.

amasser :
rassembler

du bien :
des richesses

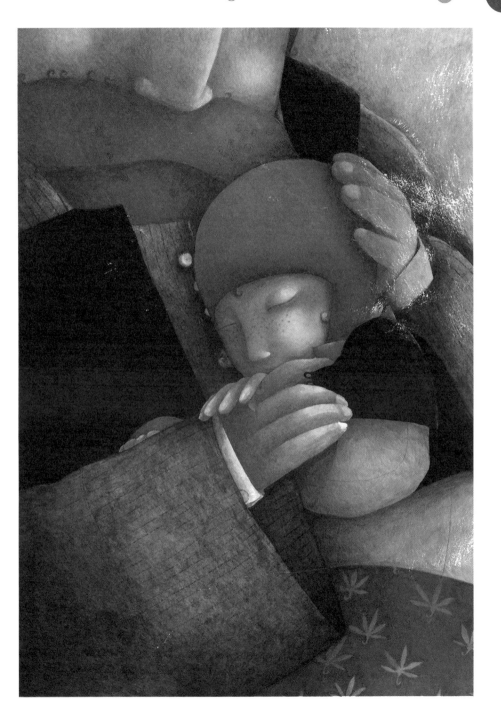

Olivier de Vleeschouwer

Les lézards de César

Illustré par Nadine Van der Straeten

Chapitre 1

Cette année-là, la rentrée avait plutôt bien commencé. Notre nouvelle maîtresse, Mademoiselle Finetresse, m'avait placé à une table tout seul, tout au fond de la classe, sans personne à côté de moi pour m'ennuyer. J'étais vraiment heureux de pouvoir m'étaler à mon aise, faire des piles avec mes cahiers, ou disposer mes crayons à la queue leu leu, sans qu'on me fasse de réflexions.

s'étaler :
prendre
toute la place
(langage familier)

à mon aise :
confortablement

à la queue leu leu :
les uns derrière
les autres

Pendant le premier mois, tout a été parfait, et j'aurais donné cher pour que rien ne change. Mais il paraît que les choses bien ne durent pas toujours. C'est maman qui dit ça. En tout cas, le jour où César est arrivé, j'ai pensé que, pour une fois, maman avait vraiment raison.

C'était un mardi matin. À dix heures pile, le directeur a ouvert la porte sans prévenir. Tout le monde s'est mis debout et les joues de Mademoiselle Finetresse ont rosi d'un seul coup.

rosir :
se colorer en rose

« Asseyez-vous ! » a claironné Monsieur Colle.

claironner :
annoncer d'une voix forte

Quand tous les bruits de chaises ont cessé, je me suis aperçu que le directeur n'était pas venu seul. À ses côtés, il y avait un garçon un peu long, un peu maigre, qui n'avait pas vraiment l'air de se rendre compte que tous les regards étaient maintenant posés sur lui.

une voix vibrante :
une voix pleine d'émotion

Monsieur Colle a annoncé d'une voix vibrante :
« C'est un nouveau, il s'appelle César. Je compte sur vous pour en faire un ami… »

Puis, il a fait demi-tour et il est sorti. César ne paraissait pas intimidé du tout. Il regardait devant lui, comme s'il pouvait voir tout le monde en même temps.

César avait un cartable vert. Mademoiselle Finetresse lui a souhaité la bienvenue. Ensuite, elle a cherché où l'installer.

« Tu iras à côté de Thomas ! »

Thomas, c'est moi. J'ai rangé mes cahiers et mes crayons en songeant que ma liberté n'avait pas duré assez longtemps. César s'est approché. Il ne m'a même pas dit bonjour, et merci encore moins. Il s'est assis. De son cartable vert, il a extrait un cahier vert et une trousse verte. C'est alors que j'ai remarqué que son pantalon était vert. Et même son pull-over. Entièrement vert également.

J'ai chuchoté :

« Ben dis donc, tu aimes le vert ! »

C'était pour être gentil. Il ne m'a même pas répondu, et je me suis dit que, s'il voulait la guerre, il allait l'avoir. J'ai alors mis ma gomme et mon taille-crayon entre nous, pour bien lui faire comprendre où s'arrêtait son territoire. Maintenant, c'était chacun chez soi, et pas question de déborder sur mes terres !

Après cette première mise au point, je l'ai ignoré toute la journée.

extraire : sortir

chuchoter : parler à voix basse

un territoire : la place que l'on peut occuper

une mise au point : une explication

Chapitre 2

César passait presque tout son temps à regarder par la fenêtre. Il faut dire qu'il avait plutôt de la chance, parce que pour sa première année au collège Jacques-Prévert, il avait atterri dans une classe avec vue sur le parc, alors que presque toutes les autres donnaient sur le boulevard, ce qui était nettement moins bien. Voir gambader les chiens sur les pelouses ou barboter les colverts sur l'espèce de mare, c'était quand même drôlement moins énervant que de sursauter au moindre passage de camion !

atterrir :
arriver
(langage familier)

gambader :
courir dans tous les sens

un colvert :
une race de canard

On avait toujours l'impression que, pendant qu'il regardait dehors, César n'écoutait rien de ce que racontait la maîtresse. Pourtant, si Mademoiselle Finetresse lui demandait de répéter ce qu'elle venait de dire, il répétait tout mot à mot, sans jamais rien oublier. Ça paraissait vraiment incroyable.

Au début, la maîtresse s'énervait beaucoup à l'idée que César semblait plus captivé par la vie des canards que par les choses intéressantes qu'elle écrivait au tableau.

« César, tu es encore dans la lune ! » grondait-elle d'un air fâché.

Mais puisqu'il arrivait toujours à répondre à ses questions, et que ses résultats étaient excellents, Mademoiselle Finetresse a fini par ne plus lui faire de réflexions.

Naturellement, un beau jour, je me suis dit : « Pourquoi lui et pas moi ? » C'était un mardi matin. Le parc était presque vide et il n'y avait pas le moindre canard sur l'eau. Près d'une allée, trois gros pigeons dormaient en boule. La seule personne visible était une vieille grand-mère assise sur un banc qui portait un chapeau sur la

captivé :
passionné

être dans la lune :
être distrait, inattentif

une réflexion :
une remarque

tête et un panier sur les genoux. Son chapeau et ses habits étaient verts. J'étais justement occupé à me demander ce que César pouvait trouver de si intéressant à contempler, quand j'ai entendu Mademoiselle Finetresse prononcer mon nom.

« Thomas, peux-tu répéter ce que je viens de dire ? »

contempler :
examiner avec
attention

Toute la classe a commencé à rigoler. « Tu me copieras cinquante fois la phrase suivante : Je dois écouter ce que dit la maîtresse. »

Tout le monde riait, sauf César. À la sortie, il m'a parlé.

« Je suis désolé pour ta punition. Tout ça, c'est un peu ma faute ! »

Je lui ai répondu que je m'en fichais, que cinquante lignes, de toute façon, c'était vite fait. Et je le pensais. C'est juste après que César a voulu savoir si j'aimais les lézards. Je trouvais cette question vraiment bizarre et ne voyais pas bien ce que ça venait faire dans la conversation. Pourquoi les lézards et pas les poules. Ou les girafes. Ou les ornithorynques, même. À tout hasard, j'ai quand même dit oui.

« Les lézards verts aussi, tu les aimes bien ? a-t-il insisté.

– Naturellement ! » ai-je dit, sans me démonter.

je m'en fichais :
je m'en moquais
(langage familier)

un ornithorynque :
un petit mammifère
australien qui a
les pattes palmées
et un bec de canard

sans se démonter :
sans perdre
contenance, sans
être déconcerté

Chapitre 3

À partir de là, César et moi on est devenus copains. J'ai enlevé la gomme et le taille-crayon, et j'ai annoncé, d'une voix un peu trop sérieuse : « Entre nous, plus question de frontière ! »

Et puis, il s'est passé cette aventure que je n'oublierai jamais. Un mercredi après-midi, il m'a invité à goûter chez lui. Il fallait prendre le bus jusqu'au terminus.

le terminus :
la dernière station
d'une ligne de bus

César m'avait prévenu : « Tu verras, chez moi c'est presque la campagne… »

César m'attendait à l'arrêt. Comme il avait un peu plu, il portait un anorak vert. Sur un pantalon vert. On a marché un peu, puis on est arrivés en face d'une barrière verte. « C'est là ! » m'a indiqué mon nouvel ami.

biscornu :
d'une forme
bizarre

en guise de :
comme

Au fond d'un jardin, il y avait une maison toute biscornue et verte de la cave au grenier ! J'ai dû paraître très étonné.
« C'est pour les lézards ! » m'a lancé César en guise d'explication. Et j'ai fait « Ah ! » comme si je voyais très bien ce qu'il voulait dire. Alors que non, pas du tout.
On a ensuite suivi une allée assez longue entre des arbres.
« Je vais te présenter ma grand-mère », a déclaré César en poussant la porte de la maison.
À l'intérieur, une vieille dame nous attendait. Elle portait un chapeau vert. J'ai reconnu la dame aperçue dans le parc, le jour où la maîtresse m'avait donné ma

punition. La grand-mère de César portait une robe à fleurs couleur laitue et des petits souliers assortis.

assorti : de la même couleur

« C'est pour les lézards ! » me dit-elle, d'un air entendu.

un air entendu : d'un air complice

Cette fois, je me gardai bien d'ouvrir la bouche. Ce n'était pas par manque de curiosité, loin de là. Qu'est-ce que c'était que cette histoire de lézards ? Je n'y comprenais rien. À l'intérieur, tout était vert également. Non seulement les murs et les plafonds, mais aussi les tapis et les meubles, et les chaises, et toutes les lampes, et tous les bibelots sur les étagères.

se garder : éviter

un bibelot : un petit objet décoratif

« Au début, ça étonne, mais on s'habitue vite, tu verras ! »

César me parlait tout doucement, un peu de ce ton qu'on emploie avec les tout petits enfants, pendant un orage ou après un cauchemar, pour les rassurer.

La plus grosse surprise restait pourtant à venir. On n'était pas dans le salon depuis cinq minutes que César échangea un regard complice avec sa grand-mère.

un regard complice : le regard de quelqu'un qui est parfaitement d'accord avec une autre personne

« Je crois qu'il est temps de faire les présentations ! »

Puisque la vieille dame acquiesçait, César fit glisser une trappe au milieu d'un mur en s'écriant : « Ohé ! C'est l'heure de la récré ! »

C'est alors que j'ai vu arriver, en interminable file indienne, tous les lézards de César ! Comme je devais paraître de plus en plus étonné, la grand-mère de César me donna l'explication que je n'osais pas réclamer. Elle me raconta que les parents de César vivaient dans un lointain pays d'Afrique et que, plutôt que de lui envoyer des cartes postales, chaque fois qu'ils voulaient embrasser leur fils, ils le faisaient en lui expédiant un lézard.

« L'ennui, dit-elle avec un sourire exquis, c'est qu'ils sont partis plus longtemps que prévu et qu'ils ont très souvent envie de l'embrasser... »

acquiescer : approuver, être d'accord

réclamer : demander

expédier : envoyer

exquis : délicieux

39

Chapitre 4

Les lézards étaient en effet si nombreux qu'il était impossible de les compter. Il y en a eu deux, puis trois, puis encore deux, puis... À partir de trente-sept, j'ai arrêté d'essayer.

Ils passaient leur petite tête par la trappe, puis se faufilaient vers un coin du mur, ou rampaient tout droit en direction du plafond.

se faufiler : se glisser

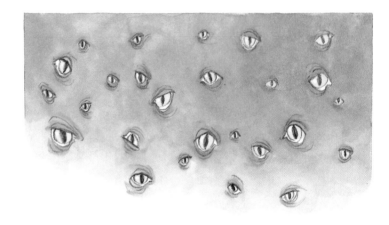

« Alors, tu les trouves pas beaux ? ! »
questionna César.

se contenter de :
se limiter à, ne pas
faire plus que

vague :
sans intention
précise

Je me contentai d'un geste de la tête et
d'un vague sourire. Il fallut bien attendre
dix minutes avant que tous les lézards de
César soient dehors. À ce moment-là, la
pièce était si remplie qu'on ne voyait plus
ni les murs, ni les plafonds. Les lézards de
César étaient tous verts, naturellement. Il y
en avait tant, et ils étaient si serrés, qu'on
ne distinguait plus que leurs petits yeux
ronds, des dizaines et des dizaines, tous
tournés vers nous.

« Je vous présente Thomas ; c'est mon ami !
a dit César. Et comme les amis de nos amis
sont nos amis, à partir d'aujourd'hui, c'est
aussi le vôtre... »
Mais les lézards n'ont pas bougé. Ils
paraissaient tous d'un vert un peu pâle, et
vaguement apeurés.

apeuré :
effrayé

« Nous sommes deux beaux étourdis !
s'est soudain écriée la vieille dame en
s'adressant à César, et sans cesser de me
regarder de la tête aux pieds. Nous avons
oublié le plus important...

noter :
remarquer

– Tu as raison. Voilà pourquoi mes lézards ont l'air si inquiets ! » a aussitôt noté César. J'ai deviné ce qu'ils voulaient dire lorsque la grand-mère de César m'a demandé d'ôter mon chandail rouge pour enfiler la blouse verte qu'elle me tendait. J'ai aussi dû troquer mon pantalon bleu contre un pantalon couleur chou. À partir du moment où j'étais devenu de la même couleur qu'eux, les lézards ont oublié leur peur. Ils sont venus l'un après l'autre me saluer. Au début, j'étais un peu mal à l'aise parce que certains étaient presque aussi gros que des bébés crocodiles, mais ça n'a

troquer :
échanger

mal à l'aise :
gêné

pas duré très longtemps. Les lézards de César adoraient surtout qu'on leur caresse le cou. Ils fermaient à moitié les yeux, comme de gros chats paresseux, d'un air de dire : « Merci beaucoup ! »

On a pris le goûter tous ensemble. On s'est assis autour de la grande table, et la grand-mère de César a mis une belle nappe verte. Menthe à l'eau, fruits confits, et confiture de tomate verte composaient notre menu ! Comme c'était justement l'anniversaire d'un des protégés de César, un jeune lézard nommé Gaspard, la grand-mère de mon ami avait pensé à planter deux

composer : former

bougies sur un fabuleux gâteau à la pistache. Gaspard a éteint ses bougies en soufflant tout doucement dessus, et tous les autres lézards ont agité leur petite queue pour le féliciter. Après, on s'est drôlement régalés !

Malheureusement, les plus belles fêtes ont une fin. Quand il a fallu que je parte, les lézards sont venus me faire un bisou sur la joue, l'un après l'autre, à tour de rôle. Il y en avait tellement que la cérémonie a duré presque une heure.

« Tu vois, ils t'ont adopté ! » s'est réjoui César.

une cérémonie :
un moment important rassemblant de nombreuses personnes

être adopté :
être accepté, faire partie de la famille

Chapitre 5

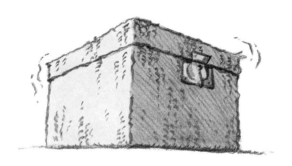

Quelques jours après ce fameux mercredi, Mademoiselle Finetresse a eu cette idée qu'elle aurait mieux fait de garder pour elle : elle nous a demandé de venir à l'école avec la chose qui comptait le plus pour nous.

« Ça nous aidera à mieux faire connaissance », a-t-elle dit.

cracher :
faire jaillir

la détente :
la pièce d'un
pistolet qui fait
partir le coup

J'ai apporté un pistolet qui fait Bang !
Bang ! et crache des étincelles de lumière
dès qu'on appuie sur la détente. J'aurais
bien pris à la place Gudule, ma petite ourse
en peluche, mais j'ai changé d'avis au tout
dernier moment, de peur d'avoir l'air
ridicule.

César est entré dans la classe avec un très
grand panier dont le couvercle était
soigneusement fermé.

« Alors, j'espère que personne n'a oublié d'apporter sa chose préférée ! » a articulé la maîtresse en s'asseyant à sa place, jambes croisées.

Tout le monde avait pensé à prendre quelque chose. Pauline a présenté Natacha, une poupée « qui pleure quand elle a faim », Albert, sa collection de boîtes à camembert et Martial, ses six cents cartes postales... Bientôt, ce fut au tour de César.

« César, tu veux bien nous montrer ce qui compte tellement pour toi ? » a murmuré Mademoiselle Finetresse d'une voix suave. Mon ami ne s'est pas fait prier plus longtemps. Il a posé son panier sur la table et, doucement, tout doucement, il a soulevé le couvercle.

suave : douce

« Je vous présente mes amis les lézards ! » a-t-il annoncé, l'air plus heureux qu'un roi. Quelle catastrophe ! C'était comme si le geste de César venait de déclencher un tremblement de terre. Avant qu'il ait pu finir sa phrase, les lézards s'étaient précipités de tous les côtés. Mademoiselle Finetresse avait seulement eu le temps de pousser un cri extraordinaire avant de

déclencher : provoquer

s'écrouler au beau milieu de l'estrade, évanouie, la peau aussi blanche qu'un paquet de farine. Fanny Latrouille fut à deux doigts d'en faire autant. Elle confondait lézards, dragons et dinosaures et répétait comme une automate : « J'veux pas qu'ils m'avalent ! Pas qu'ils m'avalent maintenant ! »

Pauvres lézards… Ils paraissaient bien loin de rêver à nous gober tout crus. Effrayés, au contraire, par la bande d'élèves multicolores que nous formions, ils avaient fini par se regrouper au plafond en regardant en bas avec leurs drôles d'yeux ronds. Il aurait fallu tous les récupérer pour les remettre dans le panier. Mais César n'eut même pas le temps d'y songer. Les pas du directeur résonnaient dans le couloir.

Alerté par le cri de la maîtresse, Monsieur Colle venait aux nouvelles.

« Qui a osé pousser ce hurlement de bécassine ? »

gober :
avaler

multicolore :
de toutes
les couleurs

éclairer
la lanterne :
faire comprendre

négliger :
oublier

égaré :
perdu

être contagieux :
s'attraper comme
une maladie

une pagaille :
un grand désordre

La vue de la maîtresse par terre et des lézards en l'air suffit à éclairer sa lanterne. Hélas, comme dans sa précipitation il avait négligé de refermer la porte, les lézards en profitèrent pour filer. Quelle panique ! Le collège fut envahi en un temps record. Des rubans verts se déroulaient à travers couloirs, escaliers et jusqu'au réfectoire. Tous les élèves étaient ravis, mais les professeurs un peu moins. Six petits tout minces, complètement égarés, trouvèrent même le moyen de se glisser sous la porte de la classe des CE1. Au Concours des cris, Madame Bouchencoin aurait eu le deuxième prix. Celui qu'elle poussa résonna longtemps dans toutes nos oreilles. Un mélange de chat qu'on égorge et de bébé affamé. Quelqu'un beugla : « Au secours ! La maîtresse est tombée dans les pommes ! » Décidément, s'évanouir devenait gravement contagieux…

César n'aurait jamais imaginé que ses petits protégés sèmeraient une pagaille pareille. Il courait partout pour essayer de récupérer les pauvres bêtes affolées. Dans une poubelle, il en trouva deux. Derrière une carte d'Amérique, dix-sept. Et dans la boîte aux lettres de l'infirmerie quarante-trois. Je l'aidais de mon mieux, mais à ce jeu de Poursuite du Lézard Vert, il était évidemment beaucoup plus fort que moi.

Quand on a entendu le Pin-Pon des pompiers, on n'en croyait pas nos oreilles.
« Tu crois qu'ils viennent par ici ? » m'interrogea César.
Je n'eus même pas le temps de lui répondre que trois gros camions rouges flambant neufs s'arrêtèrent pile devant la grille. Le directeur avait appelé les pompiers à l'aide pour remettre ses deux maîtresses d'aplomb et faire cesser l'épouvantable pagaille. Les pompiers, ça les amusait terriblement cette chasse aux lézards !
« Ça nous change des incendies ! » nous avoua l'un d'eux, franchement ravi.
Comme Monsieur Colle avait contacté plusieurs casernes en même temps, il y eut bientôt autant de pompiers que de lézards. Chaque fois qu'il en récupérait un, César s'assurait qu'il n'était pas blessé. Puis il

pile :
juste

53

un rescapé : quelqu'un qui a échappé à une catastrophe

rangeait son rescapé dans le panier. Dans son panier plein à craquer, César put ainsi en entasser cent vingt-sept.

« Je crois qu'il n'en manque pas un seul ! » annonça-t-il au directeur, pas mécontent de sa nouvelle.

Mais un pompier, prénommé Marcel, vit tout à coup le bout joli d'une queue bien verte qui gigotait gaiement dans la barbe épaisse de Monsieur Colle. Il s'approcha sur la pointe des pieds, s'excusa d'avance pour son irrespect, et enfonça ses doigts pointus dans la toison poivre et sel du directeur médusé.

gigoter : remuer dans tous les sens

de l'irrespect : un manque de respect, de l'insolence

55

le chèvrefeuille :
une plante
grimpante très
parfumée

fourrer :
mettre
(langage familier)

Or, Monsieur Colle aimait énormément cette barbe qu'il avait mis longtemps à rendre si belle. Il l'aimait si tendrement qu'il la peignait chaque jour à son réveil pendant un bon quart d'heure, puis la parfumait au chèvrefeuille, et ainsi tous les matins, qu'il vente ou qu'il pleuve !

Aussi, voyant le pompier y fourrer la main, le directeur crut à un complot, cria : « À l'assassin ! » et repoussa violemment le pauvre Marcel qui, dans sa chute, entraîna César et son panier.

La suite, on l'imagine !

Le panier s'ouvrit, les cent vingt-sept lézards de César s'échappèrent de nouveau, et tout recommença !

une syncope :
un évanouissement

Pompiers, syncopes, et tralala !

Chapitre 6

Il a fallu une semaine au collège Jacques-Prévert pour recouvrer son calme.

Après cet incident, Mademoiselle Finetresse prit quelques jours de repos pour se remettre de ses émotions. À son retour, elle voulut apprendre de la bouche de César si ses lézards se portaient tous bien.

« Parfaitement bien, merci ! » répondit mon ami, même pas surpris.

un incident : un événement ennuyeux

En réalité, la maîtresse était surtout pressée de s'assurer que César avait bien récupéré tout son monde et qu'elle ne risquait pas de tomber nez à nez avec une de ces hideuses bestioles préhistoriques !

César est maintenant connu comme une vedette. Dans la rue, il arrive parfois que les gens l'arrêtent, parce qu'il a eu son portrait dans les journaux.

« Et vos lézards, on peut les voir ? » lui demande-t-on.

Très poliment, César dit non. Un lézard n'est pas une bête de foire. Ce n'est ni un lion, ni une guenon ! Alors, les gens n'insistent pas. Ils continuent leur chemin, soulèvent leur chapeau s'ils en ont un, et disparaissent dans la foule, l'air de rien.

Ce que l'invasion des lézards a le plus changé, c'est le caractère du directeur. Il est maintenant toujours de bonne humeur, pousse la chansonnette en pleine cour de récré et fait pousser des violettes sur le balcon de son bureau. Dans les couloirs, il lui arrive aussi de faire la roue, et on l'a vu par deux fois descendre l'escalier, assis sur la rampe, en criant Tralalou !

s'assurer :
vérifier

hideux :
horrible,
extrêmement laid

une bête de foire :
un animal que l'on
montre en
spectacle

58

Mademoiselle Finetresse et Madame Bouchencoin en ont les yeux comme des soucoupes. Elles font des Ah ! là, là… et des Ben-dites-donc ! chaque fois qu'elles le voient passer. Elles espèrent que ça ne va pas durer trop longtemps, et nous, naturellement, on voudrait bien qu'elle ne s'en aille jamais, cette bonne humeur du directeur !

comme des soucoupes : écarquillé, grand ouvert

Quand il pénètre dans la classe pour distribuer des récompenses (puisqu'il refuse obstinément de signer la moindre punition), tous les élèves ont les yeux fixés sur sa belle barbe grise. Et si ce n'est pas une queue verte qu'on aperçoit, c'est une jolie petite tête triangulaire de lézard vert, toujours prête à gober une mouche ! Totoche, c'est le dernier lézard que César a reçu de ses parents. La barbe du directeur est devenue sa maison. Il adore gambader dans son nouveau logis qui lui rappelle sans doute les forêts d'Afrique. C'est grâce à cet ami peu ordinaire que Monsieur Colle affiche toujours le même sourire. Ce qui manquait à sa vie de directeur, c'était un peu de compagnie ! D'ailleurs, Monsieur Colle aura sa fête bientôt. D'habitude, on n'aurait jamais eu l'idée de lui faire un cadeau. Mais là, c'est différent. J'ai récolté les sous, et quand on s'est demandé quoi lui offrir, César s'est écrié :

« Une cravate verte, évidemment ! »

De Totoche ou du directeur, je me demande lequel sera le plus content...

afficher :
montrer

60

Conte populaire oriental

Sindbad le marin

Traduit de l'arabe par Antoine Galland

Illustré par Stéfany Devaux

Sous le règne du calife Haroun-al-Rachid, vivait à Bagdad un pauvre porteur qui se nommait Hindbad. Un jour qu'il faisait très chaud et qu'il transportait une lourde charge, il arriva dans une rue magnifique où soufflait un vent agréable. Il posa sa charge à terre devant l'entrée d'une grande maison.

Comme il était curieux, il s'approcha de la porte et interrogea les domestiques qui s'y tenaient debout.

« Hé quoi ! lui répondit-on, vous demeurez à Bagdad, et vous ignorez que c'est ici la demeure du seigneur Sindbad le marin, de ce fameux voyageur qui a parcouru toutes les mers que le soleil éclaire ? »

un calife :
le chef suprême des musulmans

Bagdad :
capitale actuelle de l'Irak

une charge :
le poids que l'on porte, un fardeau

une demeure :
une grande maison

Le porteur, qui avait entendu parler des richesses de Sindbad, ne put s'empêcher d'en être jaloux. Il leva les yeux au ciel, et dit assez haut pour être entendu :

souffrir mille maux : endurer de nombreuses douleurs physiques

« Puissant créateur de toutes choses, considérez la différence qu'il y a entre Sindbad et moi. Je souffre tous les jours mille fatigues et mille maux, et j'ai bien de la peine à me nourrir, moi et ma famille,

l'orge : une céréale surtout utilisée pour nourrir les animaux

de mauvais pain d'orge, pendant que l'heureux Sindbad dépense d'immenses richesses et mène une vie pleine de délices. Qu'a-t-il fait pour obtenir de vous

une destinée : une vie

une destinée si agréable ? Qu'ai-je fait pour en mériter une si rigoureuse ? » En

rigoureux : pénible, dur

achevant ces paroles, il frappa du pied contre terre.

Tout à coup, il vit sortir de l'hôtel un valet qui vint à lui, le prit par le bras, et lui dit : « Venez, suivez-moi. Le seigneur Sindbad, mon maître, veut vous parler. »

Hindbad eut peur. Après le discours qu'il venait de tenir, il craignait de subir un

un mauvais traitement : des coups

mauvais traitement. Il voulut refuser, mais le valet de Sindbad lui dit de laisser là sa charge, qu'on la surveillerait pour lui et le pressa d'entrer.

Il l'introduisit bien vite dans une salle somptueuse. De nombreux convives étaient réunis autour d'une table couverte de toutes sortes de mets délicats. On voyait à la place d'honneur un homme grand, à la longue barbe blanche. Derrière lui se dressait une foule d'officiers et de domestiques fort empressés à le servir. Cet homme était Sindbad. Le porteur salua la compagnie en tremblant. Sindbad lui dit de s'approcher et le fit asseoir à sa droite. Il lui servit à manger lui-même et lui offrit à boire un excellent vin.

À la fin du repas, Sindbad, remarquant que ses convives ne mangeaient plus, prit la parole, et, s'adressant à Hindbad, qu'il traita de frère, selon la coutume des Arabes lorsqu'ils se parlent familièrement, lui demanda comment il se nommait et quelle était sa profession.

« Seigneur, lui répondit-il, je m'appelle Hindbad.

– Je suis bien aise de vous voir, reprit Sindbad, et je vous réponds que la

presser : demander avec insistance

introduire : faire entrer

un mets délicat : un plat raffiné

être fort empressé : être très dévoué, très attentif

une compagnie : une assemblée

un convive : un invité

compagnie vous voit aussi avec plaisir. Mais je souhaiterais apprendre de vous-même ce que vous disiez tantôt dans la rue. »

Sindbad, avant que de se mettre à table, avait entendu tout son discours par une fenêtre ; et c'était ce qui l'avait incité à le faire appeler.

incité :
décidé

Pour toute réponse, Hindbad, plein de confusion, baissa la tête. Puis il dit :

plein de
confusion :
très gêné

« Seigneur, je vous avoue que j'étais de mauvaise humeur, et je vous supplie de me pardonner.

– Oh ! ne croyez pas, reprit Sindbad, que je sois assez injuste pour en être fâché. Je vous comprends fort bien. Au lieu de vous reprocher vos murmures, je vous plains. Mais il faut que je vous tire d'une erreur où vous me paraissez être à mon égard. Vous vous imaginez sans doute que j'ai acquis sans peine et sans travail toutes les commodités et le repos dont vous voyez que je jouis. Détrompez-vous. Je ne suis parvenu à un état si heureux qu'après avoir souffert durant plusieurs années tous les travaux du corps et de l'esprit que

les commodités :
le confort

jouir :
profiter

un état :
une situation

l'imagination peut concevoir. Oui,
Messeigneurs, ajouta-t-il en s'adressant à
toute la compagnie, je puis vous assurer
que ces travaux sont si extraordinaires
qu'ils sont capables d'ôter aux hommes les
plus avides de richesses l'envie fatale de
traverser les mers pour en acquérir. Vous
n'avez peut-être entendu parler que
confusément de mes étranges aventures, et
des dangers que j'ai courus sur mer dans
les sept voyages que j'ai faits, et, puisque
l'occasion s'en présente, je vais vous en
faire un rapport fidèle. Je crois que vous
ne serez pas fâchés de l'entendre. »

avide :
qui désire
plus que tout

fatal :
qui conduit à
la mort

acquérir :
posséder

un rapport fidèle :
un récit exact

les biens :
les richesses

J'avais hérité de ma famille des biens considérables. Je perdis presque tout et donnai le reste. Enfin, je pris la décision de m'embarquer sur un vaisseau avec plusieurs marchands.

Nous prîmes la route des Indes orientales.

incommodé :
dérangé, gêné

Je fus d'abord incommodé par ce qu'on appelle le mal de mer, mais, ma santé se rétablit bientôt, et depuis ce temps-là, je n'ai point été sujet à cette maladie.

accoster :
se rapprocher
d'une terre en
bateau pour
débarquer

à fleur d'eau :
à la surface

Au fil de notre voyage, nous abordâmes plusieurs îles et nous y vendîmes ou échangeâmes nos marchandises. Un jour que le vent était calme nous accostâmes sur une petite île presque à fleur d'eau, qui ressemblait à une prairie par sa verdure. Le capitaine fit plier les voiles, et permit aux membres de l'équipage qui le souhaitaient de descendre à terre. Je fus du nombre de ceux qui débarquèrent. Nous étions tous en train de boire, manger et nous délasser de la fatigue de la mer, lorsque tout à coup l'île trembla, et nous donna une rude secousse...

Les marins restés sur le bateau nous crièrent de rembarquer promptement, que nous allions tous périr, que ce que nous prenions pour une île était le dos d'une baleine. Les plus rapides se sauvèrent dans la chaloupe, d'autres se jetèrent à la nage. Pour moi, j'étais encore sur l'île, ou plutôt sur la baleine, lorsqu'elle plongea dans la mer, et j'eus à peine le temps d'agripper une grande pièce de bois. Ceux qui étaient dans la chaloupe réussirent à remonter à bord du navire. Quelques-uns de ceux qui nageaient furent aussi recueillis. Mais un vent frais et favorable se leva et emporta le bateau au loin, m'ôtant par là l'espérance de rejoindre mes compagnons.

promptement : très vite

périr : mourir

une pièce : un morceau

une chaloupe : un canot de sauvetage

71

Je demeurai donc à la merci des flots tout le reste du jour et de la nuit suivante. Le lendemain, je n'avais plus de force et allais mourir noyé, lorsqu'une vague miraculeuse me jeta contre une île. Je restai étendu sur la terre, à demi mort, jusqu'à ce que le soleil se lève.

les flots :
la mer

Alors, bien que très faible et affamé, je réussis à me traîner et découvris une source où me désaltérer et des herbes bonnes à manger. Revigoré, je me mis à explorer l'île et, au milieu d'une belle plaine, j'aperçus une jument qui paissait. Son exceptionnelle beauté attira mon attention mais, pendant que je l'admirais, j'entendis la voix d'un homme qui parlait sous terre. Un moment ensuite, cet homme parut, vint à moi, et me demanda qui j'étais. Je lui racontai mon aventure. Après quoi, me prenant par la main, il me fit entrer dans une grotte, où à mon grand étonnement se trouvaient d'autres personnes.

être affamé :
avoir très faim

se désaltérer :
boire

revigoré :
plein de vigueur, en pleine forme

Ils m'invitèrent à partager leur repas et nous fîmes connaissance. Ils me confièrent qu'ils étaient palefreniers du roi Mihrage,

un palefrenier :
une personne dont le métier est de s'occuper des chevaux

souverain de cette île. Chaque année, à la même saison, ils avaient coutume d'y amener les juments du roi. Ils attendaient alors la venue d'un cheval marin qui sortait de la mer pour les couvrir. Après l'accouplement, ce cheval avait la mauvaise habitude d'essayer de dévorer les juments. Les palefreniers avaient pour mission de l'en empêcher et de l'obliger à rentrer dans la mer. Quant aux juments, ils les ramenaient au palais, et les chevaux qui en naissaient étaient destinés au roi et appelés chevaux marins. Ils ajoutèrent qu'ils devaient partir le lendemain, et que si j'étais arrivé un jour plus tard, je serais certainement mort de faim et de soif, car personne ne vivait dans cette région de l'île et que sans guide je n'aurais jamais trouvé le chemin jusqu'aux habitations les plus proches.

Alors que nous discutions ainsi, le cheval marin sortit de la mer comme ils me l'avaient dit, se jeta sur la jument, la couvrit et voulut ensuite la dévorer. Mais, au grand bruit que firent les palefreniers, il s'enfuit et plongea dans la mer.

couvrir :
s'accoupler avec une femelle

accouplement :
union d'un mâle et d'une femelle pour se reproduire

dévorer :
manger

Le lendemain, ils reprirent le chemin de la capitale de l'île avec les juments, et je les accompagnai. On me conduisit au roi Mihrage à qui je racontai mon aventure. Aussitôt, ce roi généreux ordonna à ses officiers de me traiter comme un invité de marque.

me traiter : se conduire avec moi

Comme j'étais marchand, je me mis bientôt à la recherche de gens de ma profession, particulièrement ceux qui étaient étrangers, dans l'espoir d'obtenir des nouvelles de Bagdad et trouver un moyen d'y retourner. Je cherchais aussi la compagnie des savants des Indes, et je prenais plaisir à les entendre parler. Je m'entretenais très régulièrement avec le roi et ses gouverneurs. Ils me posaient mille

de marque : de qualité, qui a droit à tous les égards

s'entretenir : discuter

les mœurs :
la façon de vivre

une timbale :
un instrument de
percussion plus
gros qu'un
tambour

questions sur mon pays, et, de mon côté, voulant m'instruire des mœurs ou des lois de leurs États, je les interrogeais à mon tour.

Dans le royaume du roi Mihrage, il y avait une île du nom de Cassel. On m'avait assuré qu'on y entendait toutes les nuits un son de timbales. Les marins affirmaient que Deggial y avait fait sa demeure. Il me prit l'envie d'être témoin de cette merveille, et je vis dans mon voyage des poissons longs de cent et de deux cents coudées, qui font plus de peur que de mal. Je remarquai d'autres poissons qui n'étaient que d'une coudée, et qui ressemblaient par la tête à des hiboux.

À mon retour, un jour que je me promenais sur le port, je vis un navire décharger des marchandises. En jetant les yeux sur quelques ballots, je reconnus les paquets que j'avais fait charger sur le vaisseau où je m'étais embarqué à Balsora. D'ailleurs mon nom était encore inscrit dessus. Je reconnus même le capitaine. Comme j'étais persuadé qu'il me croyait mort, je l'abordai et lui demandai à qui appartenaient les ballots que je voyais.

un ballot : un paquet de marchandise

Balsora : grand port, actuellement Bassorah

« J'avais sur mon bord, me répondit-il, un marchand de Bagdad, qui se nommait Sindbad. Un jour que nous étions près de ce qui ressemblait à une île, il mit pied à terre avec plusieurs passagers. Hélas, cette île n'était pas autre chose qu'une baleine d'une grosseur énorme, qui s'était endormie à fleur d'eau. Elle ne se sentit pas plus tôt échauffée par le feu qu'on avait allumé sur son dos pour faire la cuisine qu'elle commença à se mouvoir et à s'enfoncer dans la mer. La plupart des personnes qui étaient dessus se noyèrent, et le malheureux Sindbad fut de ce nombre.

se mouvoir : bouger

Ces ballots étaient à lui, et j'ai résolu de
les garder jusqu'à ce que je rencontre
quelqu'un de sa famille à qui je puisse les
rendre.

– Capitaine, lui dis-je alors, je suis ce
Sindbad que vous croyez mort, et qui ne
l'est pas : ces ballots sont mon bien et ma
marchandise...

se fier :
faire confiance

– Grand Dieu ! s'écria-t-il, à qui se fier
aujourd'hui ? Il n'y a plus de bonne foi
parmi les hommes. J'ai vu de mes propres
yeux périr Sindbad. Les passagers qui
étaient sur mon bord l'ont vu comme moi,
et vous osez dire que vous êtes ce Sindbad ?

l'audace :
l'insolence

Quelle audace ! À vous voir, vous semblez
être un homme honnête. Pourquoi mentir
pour vous emparer d'un bien qui ne vous
appartient pas ?

– Patience, lui répondis-je, et faites-moi la

la grâce :
la faveur

grâce d'écouter ce que j'ai à vous dire. »
Et je lui racontai alors de quelle manière je
m'étais sauvé, et par quelle aventure

être ébranlé :
avoir un avis
moins sûr

j'avais rencontré les palefreniers du roi
Mihrage, qui m'avaient amené à sa cour.
Il se sentit ébranlé par mon discours et

un imposteur :
quelqu'un qui se
fait passer pour
quelqu'un qu'il
n'est pas

bientôt persuadé que je n'étais pas un
imposteur.

En effet, des marins de son navire accoururent et me reconnurent aussitôt. Ils étaient heureux de me revoir sain et sauf. Alors le capitaine se jeta dans mes bras. « Dieu soit loué, me dit-il, je ne puis assez vous marquer le plaisir que je ressens. Voilà votre bien. Prenez-le, il est à vous. Faites-en ce qu'il vous plaira. »

marquer : montrer

Je le remerciai, je louai sa probité, et le priai d'accepter quelques marchandises, mais il les refusa.

la probité : l'honnêteté

prier : demander avec insistance

Je choisis ce qu'il y avait de plus précieux dans mes ballots, et j'en fis présent au roi Mihrage. Comme ce prince savait la disgrâce qui m'était arrivée, il me demanda où j'avais pris des choses si rares. Je lui contai par quel hasard je venais de les récupérer. Il se montra alors presque plus heureux que moi, accepta mon présent et m'en fit de beaucoup plus considérables. Après cela, je pris congé de lui et me rembarquai sur le même vaisseau. Mais, avant de partir, j'échangeai les marchandises qui me restaient contre d'autres du pays.

conter : raconter

prendre congé : quitter

l'aloès et le santal : bois précieux

le camphre, la muscade, le clou de girofle, le poivre, le gingembre : épices utilisées pour assaisonner les plats ou comme médicament

un sequin : ancienne monnaie d'or

J'emportai avec moi du bois d'aloès, du santal, du camphre, de la muscade, du clou de girofle, du poivre et du gingembre. Nous passâmes par plusieurs îles, et nous revînmes enfin à Balsora, où je débarquai riche d'environ cent mille sequins. Ma famille m'accueillit avec chaleur et émotion. J'achetai des esclaves de l'un et de l'autre sexe, de belles terres, et fis construire une grande maison. Ce fut ainsi que je m'établis, résolu à oublier les maux dont j'avais souffert et à jouir des plaisirs de la vie.

Pierre Gripari

Farces pour écoliers

La télé farceuse
(scène à quatre personnages)

Le marchand de fessées
(scène à sept personnages)

Goulu et son âme
(scène à quatre personnages)

Chien et bébé
(scène à trois personnages)

La télé farceuse

(scène à quatre personnages)

Les quatre personnages sont : PAPA, MAMAN, *la petite* URSULE *et la présentatrice de la télévision (que nous appellerons* LA TÉLÉ). *Au début de la scène, Maman lit un livre, côté jardin, dans un fauteuil. Côté cour, dans un autre fauteuil, Papa lit le journal. Ursule, assise par terre au milieu du plateau, regarde la télé. L'actrice chargée de jouer la présentatrice se tiendra à genoux derrière un panneau. Seul son visage apparaîtra dans le rectangle.*

LA TÉLÉ. – Ce soir, à 20 heures, ne ratez surtout pas le face-à-face très important de M. Patatis, député de l'Isère-Maritime, et de M. Patatas, ministre de la Peinture à l'eau, du fusain et du stylo à bille. Ensuite, à 21 heures, ce sera notre grand film : *Bécassine contre Fantômas,* du réalisateur Ivan Petsek, avec Yvonne Guiliguili dans

un face-à-face : une émission de télévision dans laquelle deux invités confrontent leurs points de vue

le rôle de Bécassine et Patrick Boudouboudou dans le rôle de Fantômas. C'est au sujet de ce film que Gustave Flaubert a dit cette petite phrase : As-tu fini de me chatouiller le nez ?

URSULE *(qui, en effet, promenait son doigt sur l'écran).* – Pardon ?

LA TÉLÉ. – Je te demande si tu as fini de me chatouiller le nez !

URSULE. – Ça, par exemple ! Tu le sens donc ?

LA TÉLÉ. – Bien sûr ! Ça me donne envie d'éternuer !

URSULE. – Et tu me vois, aussi ?

LA TÉLÉ. – Évidemment, je te vois ! Et puis arrête de me parler, veux-tu ? Laisse-moi faire mon boulot ! – Excusez-nous, chers auditeurs, pour cette brève interruption due à un incident technique indépendant de notre volonté. À 22 h 30, vous pourrez suivre notre dernier bulletin d'information présenté par Mlle Ascondi, avec le concours de M. Asquiparray, député-maire de Bayonne. À 23 heures, pour les amis de la Nature, un grand

Gustave Flaubert : écrivain français (1821-1880)

un boulot : un travail *(langage familier)*

un auditeur : une personne qui écoute une émission

documentaire sur la vie et les mœurs d'un curieux animal encore peu connu : la sardine arboricole de la Nouvelle-Zélande. Et à 23 h 50, pour finir, l'orchestre de Javel, dirigé par Igor Triplebide, vous exécutera la Cinquantième fantaisie pour piano et orchestre de Ludwig van Turlututu, avec le concours de la grande pianiste internationale Ludivine Boumboum. C'est à propos de cette fantaisie que Shakespeare en personne écrivait : As-tu fini de me mettre le doigt dans l'œil ?

arboricole : qui vit dans les arbres

Shakespeare : auteur dramatique anglais (1564-1616)

URSULE. – Mais enfin c'est pas vrai ! Tu ne peux pas me voir !

LA TÉLÉ. – Et pourquoi, s'il te plaît ?

URSULE. – Parce que tu n'es pas là !

LA TÉLÉ. – Vraiment, je ne suis pas là ? C'est bon, tu l'auras voulu ! À présent, mes chers auditeurs, je vais avoir le plaisir de vous communiquer quelques nouvelles brèves. Aujourd'hui même, à 14 h 30, le président de la République a réuni le Conseil des ministres afin de discuter de l'importante question du pipicaca...

bref : court

URSULE. – Hein ?

LA TÉLÉ. – Les résultats de cette conférence étant tenus secrets, aucun communiqué n'a été publié... À 16 heures moins 2, arrestation mouvementée, dans le quartier de Pamplemousse, en plein cœur, de Paris, d'un jeune trafiquant de drogue, âgé de dix-huit ans, dont la voiture volée contenait 50 kilos de pipicaca brut...

URSULE *(criant)*. – Papa ! Papa !

émerger :
sortir

PAPA *(émergeant de derrière son journal)*. – Ouais ?

URSULE. – La dame de la télévision...

PAPA. – Eh bien ?

URSULE. – Elle vient de dire pipicaca !

PAPA. – Laisse-moi lire, veux-tu ? *(Il se replonge dans sa lecture.)*

LA TÉLÉ *(qui, pendant ce temps, n'a pas cessé de remuer les lèvres)*. – M. Démosthène Prosper Jules de la Faridondaine vient de recevoir le prix Goncourt pour son dernier roman : *Les Derniers Jours du pipicaca.*

URSULE. – Maman ! Maman !

MAMAN. – Oui, ma chérie ?

URSULE. – La dame de la télévision...

MAMAN. – Eh bien ?

URSULE. – Elle vient de dire pipicaca !

MAMAN. – Voyons, qu'est-ce que c'est que ce langage ? Tu n'as pas honte, une grande fille comme toi ?

URSULE. – Mais ce n'est pas moi, maman, c'est la dame ! C'est la troisième fois qu'elle dit pipicaca !

MAMAN. – Ah, écoute, ça suffit ! Reste un peu tranquille ! *(Elle lit.)*

LA TÉLÉ. – Et voici maintenant notre bulletin météorologique. Demain matin, le temps sera couvert, mais il s'éclaircira peu à peu jusque vers midi. Dans la soirée, malheureusement, une perturbation en provenance de la Sibérie tropicale abordera la côte sud du Calvados, ce qui occasionnera d'importantes chutes de pipicaca sur la Normandie, la région parisienne et le Val de Loire...

URSULE. – Maman ! Maman ! Pipicaca ! Encore !

MAMAN. – Je t'ai dit : ça suffit !

URSULE. – C'est la télé, maman ! Elle ne fait que dire pipicaca ! Tout le temps pipicaca !

MAMAN. – Assez, j'ai dit ! *(Elle la gifle.)*

URSULE *(pleurant).* – Ouaaaah ! Ouaaaah !

PAPA. – Eh bien ? Qu'est-ce qui se passe ?

MAMAN. – Je ne sais pas ce qu'elle a, ce soir, elle est insupportable !

URSULE *(pleurant).* – C'est la ouah ouah de la ouah ouah qui ouah ouah ouah déjà quatre fois pipicacaaaaaaa !

PAPA *(à Maman).* – Tu ne devrais pas te laisser dominer par tes nerfs, ma chérie...

MAMAN. – Mais enfin, quoi, tu ne l'entends pas ?

PAPA *(à Ursule).* – Quant à toi, tu vas me faire le plaisir de te taire et de rester tranquille. Parce que, moi, si je m'en mêle, je te flanque une fessée et je te mets au lit !

LA TÉLÉ *(qui, pendant tout ce temps, n'a pas cessé de mimer).* – Pipicaca ! Pipicaca ! Tu as vu, si je n'étais pas là ?

se laisse dominer par les nerfs : s'énerver sans réfléchir

flanquer : donner *(langage familier)*

URSULE. – Toi, je ne te parle plus. Tu es méchante.

LA TÉLÉ. – Méchante, moi ? Pourquoi ça ? On blague...

URSULE. – Tu appelles ça de la blague ? Mais moi, je viens de recevoir une gifle de maman !

LA TÉLÉ. – Une gifle ?

URSULE. – Parfaitement ! Et puis papa m'a menacée...

LA TÉLÉ. – De quoi donc, menacée ?

URSULE. – De me donner la fessée !

LA TÉLÉ. – Il a osé ?

URSULE. – Un petit peu, qu'il a osé ! Tu te figures qu'il se gêne ?

LA TÉLÉ. – Oh ! Mais, alors, ça change tout !

URSULE. – Ça change quoi ?

LA TÉLÉ. – Maintenant, je suis avec toi ! Et je vais te venger !

URSULE. – Me venger comment ? Sur mes parents ?

LA TÉLÉ. – Exactement !

URSULE. – Moi, je veux bien, mais tu sais... je les aime bien quand même ! Alors, ne sois pas trop méchante avec eux...

LA TÉLÉ. – Je ne leur ferai aucun mal, mais ils s'en souviendront ! Approche un peu ici, que je te parle à l'oreille !

URSULE. – Oui... *(Elle s'approche du récepteur.)*

LA TÉLÉ. – Pour commencer... *(Murmures.)*

URSULE *(petit rire).* – Hihi !

LA TÉLÉ. – Ensuite. *(Nouveaux murmures.)*

URSULE *(même jeu).* – Hihihi !

LA TÉLÉ. – Et pour finir... *(Longs murmures.)*

URSULE. – Oh ! Oui !

LA TÉLÉ. – Surtout, ne fais semblant de rien ! Au fait, quel est ton nom ?

URSULE. – Ursule.

LA TÉLÉ. – Ursule ? Très bien ! Je commence ! *(Haut.)* Madame !

MAMAN *(relevant la tête).* – Oui ?

LA TÉLÉ. – Vous qui êtes jeune et belle...

MAMAN. – Oui...

LA TÉLÉ. – Vous serez encore plus jeune...

MAMAN. – Ah ?

LA TÉLÉ. – Et encore plus belle...

MAMAN *(tout excitée)*. – Oh oui, oui, oui !

LA TÉLÉ. – ... si, chaque soir, avant de vous mettre au lit, vous vous lavez les cheveux...

MAMAN *(fébrile)*. – Avec quoi ? Avec *quoi* ?

fébrile :
impatient

LA TÉLÉ. – Avec une solution de pipicaca !

MAMAN. – Une solution de quoi ?

LA TÉLÉ. – Je dis bien : de pipicaca !

MAMAN. – Ce n'est pas possible, j'ai la berlue... Ursule !

avoir la berlue :
rêver

URSULE. – Maman ?

MAMAN. – Tu as entendu ce qu'a dit la dame, dans la boîte ?

URSULE. – Oui, maman.

MAMAN. – Qu'est-ce qu'elle vient de dire ?

URSULE. – Elle a parlé d'une lotion pour les cheveux.

MAMAN. – C'est bien ça... Tu n'as rien remarqué de bizarre ?

URSULE. – Non, rien.

MAMAN. – Est-ce qu'elle n'aurait pas dit, par hasard...

91

URSULE. – Quoi ?

MAMAN. – Quelque chose comme... pipicaca ?

URSULE *(choquée)*. – Oh ! maman ! À ton âge ! Une grande fille comme toi !

MAMAN. – Ce n'est pas une réponse ! Elle l'a dit, oui ou non ?

URSULE. – Mais non, bien entendu !

MAMAN. – Alors c'est moi qui deviens folle ! *(Elle se remet à lire.)*

LA TÉLÉ *(à Ursule)*. – Ça marche ?

URSULE. – On le dirait !

LA TÉLÉ. – Alors je continue. *(Haut.)* Monsieur !

PAPA. *(Il surgit de derrière son journal.)* – Oui ?

LA TÉLÉ. – Vous qui êtes beau...

PAPA. – Héhé !

LA TÉLÉ. – Sportif...

PAPA. – Mon Dieu...

LA TÉLÉ. – Solide...

PAPA. – Merci !

LA TÉLÉ. – Séduisant...

PAPA. – Vous trouvez ?

LA TÉLÉ. – Entreprenant, lucide, intelligent, actif...

lucide :
clairvoyant,
perspicace

PAPA. – Vraiment, vous me flattez...

LA TÉLÉ. – Mais non, mais non... Si vous voulez en plus être chanceux, veinard, irrésistible...

irrésistible :
à qui l'on ne peut
rien refuser

PAPA. – Oh ! oui !

LA TÉLÉ. – Si vous voulez que tous les hommes vous craignent, vous jalousent, vous respectent, vous obéissent ; que toutes les femmes vous estiment, vous admirent, vous aiment, vous tombent dans les bras...

PAPA. – Qu'est-ce qu'il faut faire ?

LA TÉLÉ. – Un peu de patience ! Buvez, chaque matin...

PAPA. – Quoi ? Quoi ? Quoi ?

LA TÉLÉ. – Un grand bol de pipicaca !

PAPA. – Pardon ? Un grand bol de quoi ?

LA TÉLÉ. – De pipicaca !

PAPA. – Voyons, ce n'est pas possible...

LA TÉLÉ. – Si, Si !

PAPA *(se prenant la tête à deux mains).* – Est-ce que j'aurais la fièvre ? Ursule, ma chérie !

URSULE. – Oui, papa !

PAPA. – Viens ici, mon petit.

URSULE *(obéissant)*. – Oui, papa.

PAPA. – Dis-moi donc... À propos de ce que tu disais tout à l'heure...

URSULE. – Qu'est-ce que je disais, tout à l'heure ?

PAPA. – Voyons, tu te rappelles bien... Que la dame de la télévision te répétait... des vilains mots...

URSULE. – Ah ! oui ! Mon petit papa, je te demande pardon ! Je ne recommencerai plus !

PAPA. – Mais enfin... C'était vrai ou pas vrai ?

URSULE. – C'était pas vrai, papa, je ne sais pas ce qui m'a pris... J'ai été impolie, méchante, grossière... Tu me pardonnes ?

PAPA. – Laissons cela... Vraiment, elle n'a pas dit... ce que tu as dit qu'elle avait dit ?

contrit :
désolé, navré

URSULE *(contrite)*. – Non, papa...

PAPA. – Tu es sûre ? Pas même une fois, pas même une petite fois ?

URSULE. – Non, papa...

PAPA. – Et depuis ?

URSULE. – Comment ça, depuis ?

PAPA. – Tout à l'heure, à l'instant...

URSULE. – Eh bien ?

PAPA. – Elle n'a pas dit une fois quelque chose comme...

URSULE. – Comme quoi ?

PAPA. – Comme ...*(Baissant la voix.)* Pipicaca ?

URSULE *(offusquée).* – Oh ! papa !

offusqué :
choqué

PAPA. – C'est bien, retourne jouer, mon enfant... Il faut croire que c'est moi qui suis dingue !

LA TÉLÉ *(à Ursule).* – Ça marche toujours ?

dingue :
fou
(langage familier)

URSULE. – De mieux en mieux !

LA TÉLÉ. – Bravo ! Maintenant, dis-moi un peu, qu'est-ce qui te ferait envie, comme cadeau ?

URSULE. – Comme cadeau ?

LA TÉLÉ. – Oui. Si quelqu'un voulait t'offrir un beau, un très beau cadeau, que choisirais-tu ?... Eh bien ? Tu ne sais pas ?

URSULE. – Oh, si ! Des patins à roulettes !

LA TÉLÉ. – C'est bien. À moi de jouer. Toi, fais semblant de dormir !

URSULE. – D'accord ! *(Elle obéit.)*

LA TÉLÉ *(à voix haute).* – Parents !

PAPA ET MAMAN *(ensemble).* – Oui ?

LA TÉLÉ. – Parents de petites filles et de petits garçons, ouvrez bien vos oreilles, ceci vous intéresse !

PAPA ET MAMAN. – Ah !

LA TÉLÉ. – Par décision spéciale du président de la République, prise en accord avec le chef du gouvernement, le Conseil des ministres, le Sénat et l'Assemblée nationale...

PAPA ET MAMAN. – Oh !

LA TÉLÉ. – Tous les enfants dont le prénom commence par un U...

PAPA ET MAMAN. – U ?

LA TÉLÉ. – ...devront obligatoirement recevoir, demain soir au plus tard, un beau cadeau de leurs parents !

PAPA ET MAMAN *(se regardant l'un l'autre).* – Un cadeau ? Quel cadeau ?

LA TÉLÉ. – Si votre petit garçon s'appelle

Urbain, par exemple, ou votre petite fille Ursule...

PAPA ET MAMAN. – Ursule !

LA TÉLÉ. – Vous devez lui offrir, demain dans la journée, une magnifique paire de patins à roulettes avec roulements à bille, changement de vitesse, freins à disque, pare-brise, essuie-glace, radio, lecteur de cassettes et pilotage automatique. Si ce cadeau n'est pas offert avant demain minuit, les parents défaillants seront convoqués, dès après-demain matin, à la mairie de leur commune pour y être admonestés, déculottés, fessés devant tous leurs petits camarades, et condamnés, de plus, à une forte amende !

PAPA *(à Maman)*. – Dis donc, tu entends ça ? Je rêve ?

MAMAN *(à Papa)*. – Ils sont fous, ma parole !

PAPA. – Tu crois que la petite a entendu ?

MAMAN. – Non, heureusement ! Elle dort.

PAPA. – Alors, qu'est-ce qu'on fait ?

MAMAN. – Ben, mon Dieu, dans le doute...

défaillant :
qui n'a pas accompli ce qu'il devait faire

être convoqué :
être obligé de se présenter à un endroit

admonesté :
réprimandé, blâmé, grondé

PAPA. – Oui, c'est ce que j'allais dire !

MAMAN. – Le plus prudent, c'est d'obéir !

PAPA. – Tu as raison. Je n'ai pas envie de recevoir la fessée...

MAMAN. – Encore moins de payer une amende...

PAPA. – Après tout, la petite, ça lui fera plaisir...

MAMAN. – Ça ne sort pas de la famille...

PAPA. – Combien ça peut coûter, ces patins à roulettes ?

MAMAN. – Je ne sais pas... Combien as-tu d'argent sur toi ?

PAPA *(sortant son portefeuille)*. – Attends un peu, je vais voir... Mais quelle idée de l'avoir appelée Ursule !

MAMAN. – Ça, c'est ta mère qui l'a voulu ! Si seulement tu m'avais écoutée... Moi, je voulais l'appeler Églantine ! *(Les parents reculent et continuent de discuter à l'arrière-plan.)*

LA TÉLÉ *(à Ursule)*. – Alors ? Tu es contente ?

URSULE. – Oh ! oui, alors ! Merci beaucoup !

LA TÉLÉ. – Tu ne m'en veux plus ?

URSULE. – Oh ! non !

LA TÉLÉ. – Tu me fais la bise ?

URSULE. – Si tu veux. Mais papa et maman ?...

LA TÉLÉ. – Ils ne peuvent pas nous voir, ils comptent leur argent. Allons, fais-moi la bise.

URSULE. – Avec plaisir ! *(Elle embrasse la Télé.)*

LA TÉLÉ. – Et maintenant, chers auditeurs, pour terminer notre émission, nous allons chanter tous ensemble le couplet suivant. Écoutez bien, d'abord, ensuite vous le répéterez avec moi. *(Elle chante :)*

> Pipicaca
> La Télé c'est une belle chose !
> Pipicaca
> La Télé, moi j'aime bien ça !

PAPA ET MAMAN. – Qu'est-ce que c'est que ça encore ?

LA TÉLÉ. – Et maintenant, tous ensemble ! « Pipicaca... » Je ne vous entends pas ! Je veux vous entendre tous ! Tout le monde ! Tous ensemble ! On recommence !

TOUS *(et aussi les spectateurs, pourquoi pas ?)*

Pipicaca
La Télé, c'est une belle chose !
Pipicaca
La Télé, moi j'aime bien ça !

Le marchand de fessées

(pièce en trois parties à sept personnages)
d'après un conte de l'auteur

Première partie

Au fond, une grande cage, contenant trois petites fessées : ce sont trois petites filles avec des aigrettes d'oiseaux et de gros, très gros gants, qui leur font des mains comme des battoirs. Au premier plan, le marchand de fessées : c'est un gros monsieur avec un chapeau haut de forme. Il s'adresse au public.

une aigrette : un ensemble de plumes qui surmontent la tête de certains oiseaux

un battoir : une planche de bois que l'on utilisait autrefois pour battre le linge lavé

LE MARCHAND. – Bonjour, mes petits enfants. Vous me reconnaissez ? Je suis le marchand de fessées. C'est moi qui vends à vos parents toutes les fessées dont ils ont besoin pour votre éducation... Vous savez ce que c'est qu'une fessée, au moins ?... Comment ! Vous le savez ? Vous osez le savoir ? Eh bien, je ne vous félicite pas !... Enfin, comme vous voyez, je suis un monsieur très utile, très bon, très gentil...

un chapeau haut de forme : un chapeau de forme cylindrique porté dans les grandes occasions

101

Non, je ne suis pas gentil ?... Et les fessées, elles ne sont pas gentilles ? Mais si, elles sont gentilles ! Tenez, j'en ai justement trois, derrière moi, dans cette cage. Est-ce que ce n'est pas mignon ? *(Aux fessées.)* – Alors, mes toutes belles, vous avez bien dormi ?

LES FESSÉES. – Oui ! Oui ! Oui !

LE MARCHAND. – Vous avez bien bu, bien mangé ?

LES FESSÉES. – Oui ! Oui ! Oui !

LE MARCHAND. – Vous êtes heureuses, alors ?

LES FESSÉES. – Non ! Non ! Non !

LE MARCHAND. – Vous n'êtes pas heureuses ? Qu'est-ce qui vous manque ?

LES FESSÉES. – Tutu ! Petit tutu !

LE MARCHAND. – Eh oui, je sais bien... Allons, ne pleurez pas ! D'ici très peu de temps, je vous promets que vous aurez chacune un petit derrière ! *(Au public.)* – Les pauvres ! Je leur dis ça pour leur faire plaisir... Mais en réalité, dans ce pays pourri, les affaires vont de plus en plus mal ! Les enfants sont sages, toujours sages, désastreusement sages... Quoi de plus triste qu'un enfant sage ? ... Les parents sont contents, souriants, jamais en colère, c'est à désespérer... Résultat, c'est la crise, c'est la ruine du commerce, mes petites fessées deviennent toutes pâles, toutes maigres, neurasthéniques... Si ça continue elles vont mourir, et moi je n'aurai plus qu'à vendre la boutique... Dites-moi, vous ne voulez pas qu'elles meurent, mes petites fessées ? Alors, un bon mouvement ! Venez donc leur offrir votre petit derrière !... Non ? Vraiment ? Trois volontaires, pas plus, pour aujourd'hui ça suffira... Non ? Non ? Personne ? Quelle misère !... Mais qu'est-ce que je vois ? Une petite fille qui vient par ici ? Chut ! Ne lui dites rien, surtout ! Bonjour, petite fille !

Rose *(entrant)*. – Bonjour, monsieur !

Le Marchand. – Comment t'appelles-tu ?

Rose. – Je m'appelle Rose !

Le Marchand. – C'est un bien joli nom ! Et moi, tu sais qui je suis ?

Rose. – Oui. Vous êtes le marchand de fessées !

désastreusement : très malheureusement

une crise : une situation très difficile

la ruine : la fin, l'effondrement

neurasthénique : déprimé, abattu

LE MARCHAND. – Zut ! Elle est au courant ! Mais oui, ma petite Rose, je suis le marchand de fessées. Tu ne veux pas une petite fessée ?

ROSE. – Non, je n'en veux pas !

LE MARCHAND, – Pourquoi ?

ROSE. – Parce que ça fait mal au derrière !

LE MARCHAND. – Mais non, ça ne fait pas mal au derrière. Quelle idée !

ROSE. – Si, ça fait mal. Très mal.

LE MARCHAND. – Qui a pu te raconter des bêtises pareilles ? Regarde plutôt comme elles sont jolies, mes petites fessées !

LES FESSÉES *(piaillant)*. – Tutu ! Petit tutu ! Panpan !

LE MARCHAND *(aux fessées)*. – Chut ! Taisez-vous ! *(À Rose.)* – Tu vois comme elles sont gentilles ! Elles t'aiment déjà tout plein !

ROSE. – Mais moi je ne les aime pas. Elles sont vilaines. Je les déteste !

LE MARCHAND. – Mais non, tu ne les détestes pas. Pourquoi ?

LES FESSÉES *(fébriles)*. – Panpan tutu ! Tutu panpan ! Oui ! Oui !

piailler :
faire entendre de petits cris d'oiseau

fébrile :
impatient

104

ROSE. – Au revoir, monsieur ! *(Elle sort.)*

LE MARCHAND. – Mais non ! Où vas-tu donc ? Reste encore un petit peu ! Zut ! C'est raté ! Je m'y suis mal pris ! La prochaine fois, je devrai plutôt... Mais qu'est-ce que je vois ? Un petit garçon ? Ça tombe bien, j'ai une idée ! Bonjour, petit garçon !

JULES *(entrant)*. – Bonjour, monsieur.

LE MARCHAND. – Comment t'appelles-tu ?

JULES. – Je m'appelle Jules.

LE MARCHAND. – Tu t'appelles Jules ? À la bonne heure ! Et moi ?

> à la bonne heure : tant mieux

JULES. – Vous, vous êtes le marchand de fessées.

LE MARCHAND. – Crotte ! Lui aussi ! Ne parlons pas de fessées !

LES FESSÉES. – Tutu ! Petit tutu ! Panpan !

LE MARCHAND *(aux fessées)*. – Vous, fermez-la. Compris ? Ce n'est pas le moment de vous faire remarquer ! *(À Jules.)* – Approche ici, mon petit Jules. Tu as bien cinq minutes ?

JULES. – Oui, mais pas plus. Ma mère m'attend.

LE MARCHAND. – Très bien ! J'ai justement une commission pour elle. Tu vas donc trouver ta maman et tu lui diras de ma part exactement ceci : *(Il lui parle à l'oreille.)* – Tu as compris ?

JULES *(épanoui)*. – Oh ! Les drôles de mots ! Ils sont marrants ! Qu'est-ce que ça veut dire ?

LE MARCHAND. – Ne t'en fais pas pour ça, ta mère comprendra. Tu n'oublieras pas, au moins ?

JULES. – Oh ! pour ça non, je n'oublierai pas ! Pas de danger que j'oublie ! Au revoir, monsieur ! *(Il sort.)*

LE MARCHAND. – Au revoir ! *(Il se frotte les mains.)* – Oh ! comme je suis intelligent ! Je lui ai dit tout un tas de gros mots ! À présent ce petit imbécile va les répéter à sa mère, sa mère sera furieuse et viendra aussitôt m'acheter une bonne fessée, peut-être deux ou trois, pour le punir... Comme ça je fais une bonne action, puisque mes petites fessées seront enfin heureuses, et je gagnerai de l'argent... *(Un temps, il regarde sa montre.)* – Eh bien, qu'est-ce qu'elle fiche, en ce moment, la mère de Jules ? Elle devrait être là... Elle est peut-être sourde ? Ce ne serait pas de chance... Ah ! Mais tiens ! Voilà Jules ! Alors, Jules ?

JULES. – Bonjour, monsieur !

LE MARCHAND. – Tu n'as pas fait ma commission à ta mère ?

JULES. – Si.

LE MARCHAND. – Eh bien ? Qu'est-ce qu'elle a dit ?

JULES. – Elle n'a pas compris non plus. Elle va venir tout à l'heure pour vous demander des explications. Au revoir, monsieur ! *(Il sort.)*

LE MARCHAND. – Zut ! Flûte ! Encore raté ! Mais qu'est-ce que j'ai donc fait pour habiter ce pays de crotte ! Non seulement les enfants ne connaissent pas les gros mots, mais les parents non plus ! Il faut que je trouve autre chose... Mais qu'est-ce que je vois ? Un grand garçon, cette fois ? Ça me donne une idée ! Ho ! Mon gars ! Viens ici une minute ! Comment t'appelles-tu ?

FARID *(entrant)*. – Je m'appelle Farid, monsieur.

LE MARCHAND. – Viens par ici, Farid, je veux te dire un mot.

LES FESSÉES *(sautillant)*. – Tutu ! Tutu ! Tutu !

LE MARCHAND *(aux fessées)*. – Voulez-vous bien vous taire ? Vous allez faire tout rater !

FARID. – Qu'est-ce qu'ils disent, vos oiseaux ?

LE MARCHAND. – Rien, rien ! Écoute un peu, Farid.

FARID. – Je vous écoute, monsieur.

LE MARCHAND. – Ça ne t'est jamais arrivé, par exemple, d'avoir envie de jouer avec le feu, dans la cuisine de tes parents ?

FARID. – Oh ! si, bien sûr !

LE MARCHAND. – Et tu l'as fait ?

FARID. – Jamais !

LE MARCHAND. – Et pourquoi donc ?

FARID. – J'ai demandé la permission... et ma mère m'a dit non !

LE MARCHAND. – Tu n'es pas un peu fou ?

Demander la permission, à ton âge ? Un grand garçon comme toi ? Tu sais pourtant bien que les parents disent toujours non, que c'est dangereux, que tu es trop jeune, qu'on verra ça plus tard... Pour te contrarier, bien sûr, pour t'empêcher de faire ce que tu veux...

contrarier : *s'opposer à ce que quelqu'un veut faire*

FARID *(réfléchissant).* – Il y a du vrai dans ce que vous dites...

LE MARCHAND. – Alors, si j'étais toi, tu ne sais pas ce que je ferais ?

FARID. – Non. Qu'est-ce que vous feriez ?

LE MARCHAND. – Je ferais tout ce qui me passerait par la tête, sans demander la permission à personne !

FARID. – Vous croyez que je peux... ?

LE MARCHAND. – Oh, moi, je te dis ça comme ça ! Pour te rendre service ! Tu feras ce que tu voudras ! Bien sûr, si tu te dégonfles...

se dégonfler : *manquer de courage, ne pas oser (langage familier)*

FARID *(offensé).* – Comment ça, je me dégonfle ? Vous allez voir si je me dégonfle ! *(Il sort.)*

LE MARCHAND. – Ça y est ! Ça a marché !

LES FESSÉES. – Tutu ! Tutu ! Tutu !

LE MARCHAND. – Patience, mes jolies ! Cette fois, c'est dans la poche ! *(Une explosion au loin, lueur rouge, sirène des pompiers.)* – Bravo ! J'ai réussi ! Pin-pon... Vous entendez ? À présent les parents de Farid vont venir m'acheter... Combien de fessées ? Cinq ? Dix ? Est-ce que je vais en manquer ? Je ferais peut-être bien d'en commander de nouvelles... *(Un temps, il regarde sa montre.)* – Eh bien, qu'est-ce qu'ils attendent, les parents de Farid ? Tiens, mais voilà Farid ! Eh bien, bonjour, Farid !

FARID *(entrant)*. – Ah ! c'est vous ! je vous retiens avec vos bons conseils !

LE MARCHAND. – Eh bien, qu'est-ce qui se passe ?

FARID. – J'ai mis le feu à la maison !

LE MARCHAND. – Bon !

FARID. – Les pompiers sont venus...

LE MARCHAND. – Bien !

FARID. – La voisine a dit à mes parents que c'était de ma faute...

LE MARCHAND. – Parfait !

FARID. – Alors ma mère m'a donné une paire de claques !

LE MARCHAND *(révolté).* – Une paire de claques ? Elle a osé ? La malheureuse ! Mais elle pouvait te rendre sourd !

FARID. – Et puis ce n'est pas tout. Mon père m'a fichu des coups de pied au derrière !

LE MARCHAND. – Des coups de pied au derrière ? Mais c'est inadmissible ! Il n'y a rien de plus dangereux qu'un coup de pied au derrière ! Il pouvait t'estropier pour le restant de ta vie !

estropier : rendre infirme, incapable de marcher

FARID. – Enfin voilà ! Maintenant, je n'ai plus confiance en vous !

LE MARCHAND. – Allons, allons, ce n'est qu'un coup de malchance. Tiens ! J'ai une autre idée ! Oh ! Qu'elles vont être heureuses !

FARID. – Qui ?

LE MARCHAND. – Mes petites fessées...

FARID. – Pardon ?

LE MARCHAND. – Mais non, qu'est-ce que je raconte ? Les petites filles, les petits garçons, bien sûr... Tu n'as pas un tambour ?

FARID. – Si. J'ai un petit tambour.

LE MARCHAND. – Eh bien tu vas le prendre et parcourir toute la ville en faisant une annonce... Tu seras payé, bien sûr !

FARID. – Avec la permission de mes parents, cette fois-ci ?

LE MARCHAND. – Si tu veux, pourquoi pas ? Tu vas donc parcourir toute la ville en annonçant dans chaque rue ce que je vais te dire – Viens, je vais t'expliquer... *(Il sort avec Farid. Au public.)* – Cette fois, ça doit marcher !

LES FESSÉES *(seules, sautant).* – Tutu ! Petit tutu ! Panpan !

Deuxième partie

se camper :
se tenir bien droit

FARID. *(Il entre avec son tambour et se campe au milieu de la scène, devant les spectateurs. Après un roulement de baguettes, il fait à haute voix l'annonce suivante.)* – Avis aux citoyens de la commune ! Dimanche prochain, de 14 heures à 19 heures, heure légale, grande fête enfantine dans le jardin du Marchand de Fessées ! Entrée gratuite pour les enfants, entrée interdite aux parents ! Au programme : buffet gratuit, boissons gratuites, jeux divers et gratuits, grand spectacle gratuit de fessées savantes, fessées clowns, acrobates, fessées chanteuses, fessées danseuses, et pour finir, au coucher du soleil, le Grand Bouquet final ! *(Il sort.)*

le grand bouquet final : la partie finale et la plus belle d'un spectacle

LES FESSÉES *(dans leur cage, trépignant).*
– Tutu panpan ! Oui ! Oui ! Tutu panpan !

trépigner : sautiller en tapant des pattes

(Ici peut se placer un ballet de FESSÉES, dans la mesure où les moyens matériels de la troupe le permettront.)

Troisième partie

Les FESSÉES sont toujours au fond de la scène, dans leur cage. Entre LE MARCHAND, suivi de ROSE, de JULES et de FARID.

LE MARCHAND. – Alors, vous avez bien mangé, bien bu ?

LES ENFANTS. – Oui, monsieur !

LE MARCHAND. – Vous vous êtes bien amusés ?

LES ENFANTS. – Oh ! oui !

LE MARCHAND. – Et le spectacle ? Il vous a plu ?

LES ENFANTS. – Beaucoup !

LE MARCHAND. – C'est bien ! Voici déjà le soir qui tombe... C'est l'heure du Grand Bouquet final !

LES ENFANTS. – Qu'est-ce que c'est que ça, le Grand Bouquet final ?

LE MARCHAND. – Vous allez voir. Moi, je vais partir et me cacher dans le fond du jardin. Vous, pendant ce temps-là, vous allez compter jusqu'à dix, pas trop vite... À dix, vous ouvrirez en grand les portes de la cage, et alors...

LES ENFANTS. – Et alors ?

LE MARCHAND. – Alors, je ne vous dis rien ! Ce sera le Grand Bouquet final !

en chœur :
tous ensemble

LES ENFANTS *(comptant en chœur)*. – Un, deux, trois...

LE MARCHAND. – Eh, doucement, pas si vite ! *(Il traverse la scène et va se coucher à plat ventre du côté opposé.)*

LES ENFANTS. – Quatre, cinq, sept, neuf, dix ! *(Ils ouvrent la cage.)*

LES FESSÉES *(sortant)*. – Oui, oui ! Merci ! Petits tutus ! Panpan ! Clic-clac ! *(Elles tombent sur les petits derrières.)*

LES ENFANTS. – Aïe ! Ouille ! Maman ! Houla ! Ouin ! Ouin !

LE MARCHAND *(toujours à plat ventre)*. – Ça y est ! Ça a marché ! Ah que c'est bon ! Ah que c'est amusant ! Les petits imbéciles, les petits crétins, les petits idiots ! Ah que c'est drôle ! Houhou ! Haha ! Hihihihi ! Houhouhouhouhou houhouhou !

(Brusque silence : les fessées cessent de battre et dressent l'oreille. Les enfants sortent en courant.)

LES FESSÉES. – Hein ? Quoi ? Quoi ? *(Elles cherchent de tous côtés.)*

LE MARCHAND *(riant toujours)*. – Houhou ! Houhouhouhou ! Hihi !

1ʳᵉ FESSÉE. – Oh ! les filles !

LES DEUX AUTRES. – Quoi ? Quoi ?

1ʳᵉ FESSÉE. – Voyez-vous ce que je vois ?

LES DEUX AUTRES. – Où ça ? Où ça ?

1ʳᵉ FESSÉE *(désignant le marchand)*. – Là-bas !

désigner :
montrer

115

LES DEUX AUTRES. – Oh ! Formidable !

1ʳᵉ FESSÉE. – Cucu !

2ᵉ FESSÉE. – Gros cucu !

3ᵉ FESSÉE. – Énorme cucu !

1ʳᵉ FESSÉE. – Alors, panpan ?

2ᵉ FESSÉE. – Oui, oui, panpan !

3ᵉ FESSÉE. – Énorme panpan !

1ʳᵉ FESSÉE. – On y va ?

2ᵉ FESSÉE. – On y va !

3ᵉ FESSÉE. – On y va !

1ʳᵉ FESSÉE. – À la une !

2ᵉ FESSÉE. – À la deux !

3ᵉ FESSÉE. – À la trois !

TOUTES LES TROIS. – Hourra ! *(Elles foncent sur le marchand.)*

LE MARCHAND *(se relevant)*. – Hé là, qu'est-ce que vous faites ? Mais pas sur moi, voyons ! Moi, je suis votre marchand, votre ami, votre père ! Reconnaissez la main qui vous a nourries !

LES FESSÉES. – Non, non ! Cucu ! Panpan cucu !

LE MARCHAND. – Au secours ! *(Il s'enfuit*

en coulisse, poursuivi par les fessées. La scène reste vide, cependant qu'on entend les échos d'une fessée magistrale.)

VOIX DU MARCHAND. – Non, non ! Pitié ! Arrêtez ! Lâchez-moi !

LES ENFANTS. *(Ils entrent tous les trois, quand les bruits se sont calmés, et chantonnent ensemble le couplet suivant.)*
Pauvre marchand de fessées
À l'hosto il est resté
Couché sur le ventre un an,
Couché sur le dos trois ans.
C'est tout juste s'il a pu,
Au bout de cinq ans et plus,
S'asseoir enfin sur son cul !
À présent, s'il peut marcher,
C'est avec difficulté,
Il a besoin d'un bâton
Et gémit sur tous les tons !

LE MARCHAND. *(Il entre en boitillant, appuyé sur une canne, et gémit à chaque pas.)* – Hou ! Aïe ! Ah ! Ah !

LES ENFANTS. – Bonjour, monsieur le marchand de fessées !

LE MARCHAND. – Ah non ! Pas ce mot-là !

l'hosto :
l'hôpital
(langage familier)

gémir :
pousser de petits cris plaintifs

boitiller :
marcher en boitant légèrement

117

Jamais ! Je ne veux plus l'entendre !

ROSE. – Dites, monsieur, je ne suis pas sage. Qu'est-ce qu'il faut faire, à votre avis ?

JULES. – Et moi, je dis des gros mots !

FARID. – Et moi je joue tout le temps avec les allumettes !

LE MARCHAND. – Ça ne fait rien, c'est sans importance !

ROSE. – Vous ne croyez pas qu'on aurait besoin...

LE MARCHAND. – Non, non ! Pas ça !

JULES. – ... d'une bonne petite fessée ?

LE MARCHAND. – Non ! Surtout pas ! Jamais ! Rien que d'entendre ce mot, ça me fait mal partout !

FARID. – Mais si, voyons, une gentille petite fessée...

pour l'amour du ciel : s'il vous plaît

LE MARCHAND. – Non, pour l'amour du ciel, parlez-moi d'autre chose ! Aïe ! Ouille ! *(Il s'enfuit en boitant.)*

LES ENFANTS *(l'accompagnent en chantant).* – Fessée ! Fessée ! Fessée !

Goulu et son âme

(pièce à quatre personnages)
d'après un vieux conte français

Scène I

SATAN, *puis un* DIABLE

SATAN *(assis dans un fauteuil, un gros cache-col autour du cou).* – Holà ! Quelqu'un ! Quelqu'un ici, tout de suite ! *(Un temps.)* – Personne ! C'est un peu fort ! Moi, Satan, le grand diable d'Enfer, je crie, je hurle, j'appelle et personne ne répond ! Et avec ça j'ai justement mal à la gorge... Rheu ! Rheueueu ! Qu'est-ce que j'ai bien pu faire à l'Enfer pour avoir mal comme ça ? Holà ! Quelqu'un, bon sang de bois ! Ah, les diables, les diables, quelle engeance ! Pas moyen de rien faire avec eux : paresseux, insolents, menteurs, désobéissants, gourmands, ils ne se dérangent que pour... Tiens ! Mais c'est une idée ! *(Il imite le bruit d'une cloche.)* – Diling ! Diling ! C'est l'heure de la soupe !

LE DIABLE *(entrant).* – Oui oui ! Tout de suite ! J'arrive !

un cache-col : une écharpe

c'est un peu fort : c'est difficile à accepter

une engeance : un groupe de personnes que l'on méprise

insolent : irrespectueux

119

SATAN. – Voilà ! Qu'est-ce que je disais ?
Eh bien, non ! Il n'y a pas de soupe !

LE DIABLE. – Oh ! zut ! *(Il veut partir.)*

SATAN. – Eh bien, où cours-tu donc ? Reste
là !

Lucifer :
nom d'un démon
de l'enfer

LE DIABLE. – Pour quoi faire ?

SATAN. – Reste là, c'est un ordre ! C'est un
peu fort, quand même ! Qui est-ce qui
commande, ici ?

Hitler :
chef du parti nazi
et chancelier
d'Allemagne qui
déclencha la
Seconde Guerre
mondiale et
organisa
l'extermination
des juifs
(1889-1945)

LE DIABLE. – Bon, bon... Qu'est-ce que
vous voulez ?

SATAN. – J'ai mal à la gorge !

LE DIABLE. – Et puis après ? Ce n'est pas
ma faute !

Méphistophélès :
nom donné au
diable dans la
légende de Faust

SATAN. – Merci quand même. Où est
Lucifer, en ce moment ?

Staline :
dirigeant de
l'URSS qui mit en
place une
sanglante
dictature et fit
déporter ses
opposants
politiques
(1879-1956)

LE DIABLE. – Il est en train de faire cuire
Hitler.

SATAN. – C'est bon. Qu'il continue. Et
Méphistophélès ?

LE DIABLE. – Il est en train de faire bouillir
Staline.

Belzébuth :
autre nom du
diable

SATAN. – C'est bien, ne le dérange pas. Et
Belzébuth ?

LE DIABLE. – Il est en train de faire griller...

SATAN. – Ça va, j'ai compris. En somme, tout le monde est occupé ?

LE DIABLE. – C'est qu'il y a du boulot... Ce n'est pas ça qui manque !

un boulot : un travail (langage familier)

SATAN. – À la bonne heure ! Et toi ?

LE DIABLE. – Moi ? Eh bien... je me repose !

SATAN. – Ah ! Tu te reposes ! Tu crois que ça va durer longtemps ?

LE DIABLE. – Euh... je crains bien que non !

SATAN. – Et tu as raison, de craindre ! je vais te donner du travail !

LE DIABLE. – Vous savez... je suis très paresseux !

SATAN. – Je sais.

LE DIABLE. – Et puis... je suis maladroit !

SATAN. – Ça ne fait rien.

LE DIABLE. – Et puis je suis bête aussi. Très bête !

SATAN. – Aucune importance. Écoute-moi, veux-tu ?

LE DIABLE. – Ah ! Et puis j'oubliais ! je suis sourd !

balancer :
jeter
(langage familier)

une âme :
ce qui, dans
la religion, survit à
la mort d'une
personne

SATAN. – Ça, c'est vraiment dommage ! Parce que, si tu ne m'entends pas, je te balance à l'instant dans la grande chaudière !

LE DIABLE. – Non, non ! J'entends, j'entends !

SATAN. – C'est bien ce que je pensais... Voici ce que tu vas faire. Tu vas monter sur terre pour me chercher une âme. Une âme toute fraîche, encore toute chaude. C'est pour mon mal de gorge.

LE DIABLE. – Pour votre mal de gorge ?

SATAN. – Oui. Quand j'ai mal à la gorge, comme c'est le cas en ce moment, il me suffit d'avaler une âme, l'âme de quelqu'un qui vient de mourir, et je suis aussitôt soulagé.

LE DIABLE. – Mais où voulez-vous que j'aille vous chercher une âme ?

SATAN. – Je vais te le dire. Prends cette carte de visite. À cette adresse, tu trouveras M. Goulu. C'est un brave homme, gentil comme tout, pas méchant pour deux sous...

LE DIABLE. – L'imbécile !

SATAN. – Mais, heureusement pour nous, il

a un gros défaut. Tu devines lequel ?

LE DIABLE. – Moi ? Non.

SATAN. – Voyons, Goulu... Goulu ! Ça ne te dit rien, ce nom-là ?

LE DIABLE. – Non, rien.

SATAN *(à part)*. – Il est complètement bouché ! *(Haut.)* – Eh bien il est gourmand, Goulu ! Et à cette heure-ci, justement, il va se mettre à table ! Alors toi, tu y vas, tu le pousses à manger trop, il meurt d'indigestion, tu recueilles son âme et tu me la rapportes !

être bouché :
ne rien comprendre
(langage familier)

une indigestion :
un malaise provoqué par une mauvaise digestion quand on n'a trop mangé

LE DIABLE. – Ah ! je comprends !

SATAN. – Seulement, attention ! Il a un ange gardien, qui va lui conseiller de ne pas t'écouter, de manger sobrement... Alors, toi...

sobrement :
sans excès

LE DIABLE. – Moi, je lui casse la gueule !

SATAN. – Tu casses la gueule à qui ? À l'ange ? Tu n'es pas fou ?

casser la gueule
à quelqu'un :
le battre
(langage familier)

LE DIABLE. – Ben, pourquoi pas ?

SATAN. – On n'a pas le droit de casser la gueule aux anges ! Ça ne se fait pas. *(Il tousse.)* – Teuheu ! Teuheu !

LE DIABLE. – Ah ! bon... Alors, qu'est-ce que je fais ?

SATAN. – Tu laisses l'ange parler, **démocratiquement**, mais tu parles, toi aussi. C'est à celui de vous deux qui sera le plus convaincant... Si tu ne réussis pas, tu vas dans la grande chaudière !

LE DIABLE. – Oh, non, patron ! Pas ça !

SATAN. – En revanche, si tu réussis, tu auras...

LE DIABLE. – J'aurai quoi ?

SATAN. – La satisfaction d'avoir réussi !

LE DIABLE. – Rien de plus ?

SATAN. – Alors, c'est entendu : tu fais **crever** Goulu, tu assistes à son **agonie**, tu l'empêches de **se repentir** et, quand il rend son dernier souffle, tu le recueilles avec soin dans cette petite bouteille, et tu me la rapportes ici. *(Il lui montre une petite bouteille.)*

LE DIABLE. – Parce que, le souffle, c'est son âme ?

SATAN. – Évidemment ! Tout le monde sait ça ! Tu as compris ?

démocratiquement : comme il en a le droit

crever : mourir *(langage familier)*

l'agonie : le moment qui précède la mort

se repentir : regretter sincèrement les fautes que l'on a commises

LE DIABLE. – Compris, patron, j'y vais tout de suite ! *(Il sort.)*

SATAN. – Mais où va-t-il encore, cet imbécile ? Il n'a même pas pensé à emporter la petite bouteille... Reviens ! reviens ! Teuheu !... Ma foi, tant pis pour lui, je ne vais pas encore m'esquinter la voix ! Quand il s'en apercevra, eh bien, il reviendra !

Scène II

GOULU, L'ANGE, LE DIABLE

GOULU *(à table)*. – Ah ! Que ça sent bon ! Ah ! Que j'ai faim ! Qu'est-ce que je vais bien manger !

L'ANGE. – Prends garde à toi, Goulu, ne mange pas trop !

LE DIABLE. – N'écoute pas cette volaille, Goulu, mange autant que tu peux !

L'ANGE. – Il est dangereux de manger avec excès !

avec excès : en trop grande quantité

LE DIABLE. – Rien de meilleur que de s'en mettre plein le gilet !

L'ANGE. – Tu risques l'indigestion...

LE DIABLE. – Allons donc !

L'ANGE. – L'apoplexie…

LE DIABLE. – N'écoute pas ce qu'il dit !

L'ANGE. – L'étouffement…

LE DIABLE. – Mais ce n'est pas vrai ! Il ment !

la cirrhose :
une maladie du
foie

L'ANGE. – La cirrhose...

LE DIABLE. – Il raconte n'importe quoi !

L'ANGE. – L'éclatement des boyaux...

LE DIABLE. – Tu n'as pas honte, sale oiseau, de mentir comme un homme ?

GOULU *(rêveur)*. – C'est drôle, j'ai comme... une hésitation !

L'ANGE. – N'écoute pas ce démon. Mange avec appétit, d'accord, mais pas davantage. Ta vie est en danger...

GOULU. – Quelque chose me dit que je devrais me modérer...

LE DIABLE. – Regarde, Goulu, toutes ces bonnes choses. Tu ne vas pas les laisser perdre, non ? Pense aux petits Chinois, aux petits Éthiopiens... Ce serait du gaspillage !

GOULU. – Mais, d'un autre côté, quelque chose me dit aussi que je ne dois rien laisser perdre...

L'Ange. – Modère tes appétits gloutons !

glouton :
goulu, goinfre

Le Diable. – Allez, remplis-toi le bedon !

un bedon :
un ventre
(langage familier)

L'Ange. – Tu es déjà gras comme un lard !

Le Diable. – Quand tu seras mort, ce sera trop tard !

Goulu. – Oh, et puis zut ! Profitons-en ! Quand je serai mort, ce sera trop tard ! Gnaf gnaf gnaf gnaf... *(Il dévore.)*

L'Ange. – Hélas ! Il ne nous entend plus !

Le Diable. – Chouette, alors !

L'Ange. – Il a déjà torché sa première assiette...

Le Diable. – Ma parole, on pourrait se regarder dedans !

L'Ange. – Si seulement il pouvait ne pas se resservir !

Le Diable. – Mais j'espère bien que si ! Ressers-toi donc, fainéant !

L'Ange. – Hélas ! Il en reprend !

Le Diable. – Bravo, Goulu, encore ! Et maintenant, un grand coup de vin !

L'Ange. – Non, non, surtout, pas de vin !

Le Diable. – Si, Si ! Vide la bouteille !

L'Ange. – Catastrophe ! Il le fait !

LE DIABLE. – Le fromage, à présent ! Le dessert ! Encore !

L'ANGE *(pleurant)*. – Pauvre Goulu ! Il est en train de se tuer ! En plein péché de gourmandise !

un péché :
une faute grave
dans la religion

LE DIABLE *(à l'Ange)*. – Vraiment, vous pensez ce que vous dites ?

L'ANGE. – Je n'en suis que trop certain !

LE DIABLE. – Merci pour cette bonne parole ! Il est temps de sortir ma petite bouteille ! *(Il se fouille.)* – Zut ! Ma petite bouteille ! je l'ai oubliée ! Il faut que je retourne en Enfer !

se fouiller :
chercher dans ses
poches

L'ANGE. – Eh bien, c'est cela, cher collègue ! Retournez en Enfer et n'en revenez jamais !

LE DIABLE. – Toi, la volaille, je ne te demande pas l'heure qu'il est ! Toi, Goulu, continue, je reviens dans cinq minutes ! *(Il sort.)*

Scène III

GOULU, L'ANGE

L'ANGE. – Goulu ! Si seulement je pouvais profiter. Écoute-moi, Goulu ! Arrête un peu ! Écoute !... Rien à faire ! Oh ! je le connais bien ! Une fois qu'il est parti comme ça... Non ! pas de vin ! Il recommence ! Et voilà qu'il reprend du fromage, à présent ! Si seulement il pouvait oublier le gâteau... Ayayiie ! Il en prend ! Il en reprend ! La moitié ! Les trois quarts ! Tout ! Et là-dessus il reboit... Mais comment fait-il donc pour ne pas éclater ? Ah ! Enfin ! Il se lève ! Mais dans quel état !

GOULU. *(Il se lève et titube.)* – Eh mais, qu'est-ce que j'ai donc ?

L'ANGE. – Ce que tu as, mon pauvre Goulu, tu le demandes ? Viens, appuie-toi sur moi... Par ici... Couche-toi...

GOULU. – C'est toi, mon bon ange ?

L'ANGE. – Tiens donc ! Tu me reconnais, maintenant ?

GOULU. – Où étais-tu, que je ne te voyais pas ?

L'ANGE. – Je ne t'ai jamais quitté.

GOULU. – Mais je ne te voyais pas, je ne t'entendais pas...

L'ANGE. – C'est que tu n'en avais pas envie.

GOULU *(se couchant)*. – J'ai mal, si tu savais...

L'ANGE. *(Il l'aide à se coucher.)* – Je sais.

GOULU. – Qu'est-ce qui m'arrive donc ?

L'ANGE. – Tu as trop mangé, trop bu...

GOULU. – J'ai mal au cœur, j'étouffe, je transpire, je me sens faible... Qu'est-ce que cela signifie ?

L'ANGE. – Cela signifie que tu vas mourir.

GOULU. – Je vais mourir ? Oh non !

L'ANGE. – Eh si ! Tu vas mourir !

GOULU. – Alors tu vas m'emmener au ciel ?

L'ANGE. – Au ciel ? Tu n'es pas fou ! Le diable va t'emporter, oui !

GOULU. – Le diable ? Mais pourquoi ?

L'ANGE. – Parce que tu meurs de gourmandise. C'est un péché mortel !

un péché mortel :
un péché qui
conduit en enfer

GOULU. – Non, non, je ne veux pas ! Mon ange, mon petit ange chéri ! Ne me laisse pas tomber ! je ne recommencerai plus jamais !

L'Ange. – Oh ça, tu ne recommenceras plus ! Même si tu voulais !

Goulu. – Non, ce n'est pas ça que je voulais dire ! Je t'ai fait de la peine, je le regrette... je me repens, voilà !

L'Ange. – C'est bien vrai, ce gros mensonge ?

Goulu. – Oui, oui, c'est vrai ! Je t'aime ! Tu es mon pote, mon ami, je n'ai que toi au monde... Ne laisse pas l'autre m'emporter !

L'Ange *(attendri).* – Bon, bon, ça va, si c'est comme ça... je vais tout de même essayer... *(Il se fouille.)* – Zut !

Goulu. – Quoi donc ?

L'Ange. – J'ai oublié ma petite bouteille, moi aussi... Il faut que je retourne au Paradis pour la chercher !

Goulu. – Ne me laisse pas seul ! J'ai peur ! Le diable va venir !

L'Ange. – C'est pourtant vrai qu'il va venir... J'ai une idée !

Goulu. – Quelle idée ?

L'Ange. – Couche-toi à l'envers !

GOULU. – Comment ça, à l'envers ?

L'ANGE. – La tête sous les couvertures. Oui, comme ça, plus profond !

GOULU. – Je ne vois plus clair ! J'étouffe !

L'ANGE. – Au point où tu en es, ça n'a plus d'importance ! Maintenant, mets-toi de côté... ton derrière sur l'oreiller... et replie tes deux jambes vers le mur !

GOULU. – Je vais rester longtemps comme ça ?

L'ANGE. – Jusqu'à ce que je revienne ! Ne bouge plus, surtout !

GOULU. – Et si le diable revient ?

L'ANGE. – Alors, bouge encore moins ! Et attends-moi !

GOULU. – Fais vite, je t'en supplie !

L'ANGE. – Mais oui, mais oui ! *(Il sort.)*

Scène IV

GOULU *(couché)*, LE DIABLE

LE DIABLE *(rentrant)*. – Ça y est, j'ai ma petite bouteille... Tiens donc ! Il est parti ? Où a-t-il pu passer ? Et l'ange aussi a disparu ? Qu'est-ce que cela signifie ?...

Voyons : il n'est pas sous la table, ni par là, ni par là... Ah ! il est dans son lit ! Chouette, je ne suis pas en retard, il est encore chaud... Allons, Goulu, viens avec moi, nous allons faire un beau petit voyage... Diable, comme il a changé ! Je le reconnais à peine ! Sa tête s'est enflée, enflée... On ne lui voit plus les yeux... ni le nez... ni les oreilles... seulement deux grosses joues, et la bouche au milieu... Mais qu'est-ce qu'elle a donc, sa bouche ? Elle n'est plus fendue en travers, comme avant, mais en long ! Oh ! comme c'est curieux ! Alors, c'est ça, l'indigestion ? Eh bien, ce n'est pas beau ! Enfin, moi, ça m'est bien égal... Goulu ! Eh bien, Goulu ? Allons, ne fais pas la mauvaise tête, ne te fais pas prier... Souffle seulement dans ma petite bouteille... Un petit soupir, un seul, une petite âme bien fraîche et toute chaude pour la gorge de M. Satan... Ne te retiens pas, c'est inutile, tu es à moi, je t'ai gagné. Souffle, mais souffle donc ! *(Énorme bruit de pet.)* – Ça y est ! Nous y sommes ! Rebouchons vite la petite bouteille ! C'est le père Satan qui va être content ! *(Il sort.)*

ne pas se faire prier : accepter facilement

un pet : gaz provenant des intestins *(langage familier)*

133

Scène V

SATAN *(dans son fauteuil) puis* LE DIABLE

SATAN. – Teuheu ! Teuheu ! J'ai de plus en plus mal à la gorge... Mais que fait donc ce diablotin de malheur ? Où est-il donc allé traîner ? Ma parole, s'il ne m'apporte pas l'âme de Goulu dans cinq minutes, je le... Ah ! Tout de même !

LE DIABLE. – Voilà, patron, je l'ai !

SATAN. – Enfin ! Donne-moi ça ! Dis donc, tu n'es pas fou d'avoir serré le bouchon comme ça ? je n'arrive plus à le dévisser...

LE DIABLE. – C'est que je ne voulais pas qu'il se sauve... Laissez-moi faire, je vais l'ouvrir...

SATAN. – Non ! Surtout pas ! Maladroit comme tu l'es, tu le laisserais partir !... Han ! Ah ! Ça y est ! Ça vient !

LE DIABLE. – Vous y arrivez, patron ?

SATAN. – Oui, Oui, tout doucement... L'essentiel, dans un cas comme le mien, c'est de bien aspirer toute l'âme d'un seul coup, par la bouche, pour purifier l'arrière-gorge, les amygdales, la trachée, les

les amygdales : organes situés au fond de la gorge

la trachée : conduit qui va de la gorge aux bronches

les bronches : conduits qui amènent l'air aux poumons

bronches... Attention : une, deux, trois ! *(Il aspire de toutes ses forces, puis s'étrangle et se met à tousser.)* Ah ! Heu ! Qu'est-ce qui m'arrive ? Teuheu ! Teuheu !

LE DIABLE. – Qu'est-ce qui se passe, patron ?

SATAN. – Ah ! Le cochon ! Le dégueulasse ! Qu'est-ce que tu m'as rapporté ?

LE DIABLE. – Eh bien, je vous ai rapporté le dernier soupir de Goulu, son dernier souffle...

SATAN. – Son dernier pet, tu veux dire !

LE DIABLE. – Mais non, patron, je vous assure ! Il a rendu son âme...

SATAN. – Il a pété, oui ! Et toi, comme un imbécile... Enfin, quoi, tu n'as rien remarqué ?

LE DIABLE *(illuminé)*. – Ah ! c'est donc ça. ! Je me disais aussi qu'il avait une drôle de tête !

illuminé : qui comprend tout à coup

SATAN. – C'était son derrière, crétin ! Allez, va me rincer cette bouteille à grande eau et retourne chez lui en vitesse... S'il n'est pas encore mort, avec un peu de chance...

135

VOIX DE GOULU ET DE L'ANGE *(invisibles).*
– Trop tard ! Trop tard !
SATAN. – Hein ? Quoi ?
LES VOIX *(chantonnant).*
Trop tard, Monsieur du Pétard !
Trop con, Monsieur le Démon !
(Rires.)
SATAN *(furieux).* – Qu'est-ce que c'est ?
LES VOIX *(même jeu).*
Goulu est au Paradis
Où l'on chante et où l'on rit !
Le diable est bien attrapé :
N'a qu'un pet pour se soigner !
(Rires.)
SATAN *(hors de lui, montrant le poing au ciel).* – Ah ! Oui ! Ah ! C'est drôle ! Ah ! Vous pouvez rire !
LE DIABLE. – Quant à moi, je préfère m'en aller. Je n'ai pas envie de me retrouver dans la grande chaudière ! *(Il sort sur la pointe des pieds.)*

la grande
chaudière :
le feu de l'enfer

Chien et bébé

(scène à trois personnages)

Au début de la scène, Le Bébé *est assis par terre ;* Le Chien, *à côté de lui, est couché en sphinx, et* La Mère, *debout, tient d'une main un biberon et de l'autre un os.*

un sphinx : animal imaginaire à tête d'homme et à corps de lion allongé les pattes en avant

La Mère. – Ça, c'est un beau bébé, ça, madame !

Bébé. – Aheu ! Aheu !

La Mère. – Un beau bébé tout neuf, tout propre, avec sa couche bien sèche !

Bébé. Boudoudoudou !

La Mère. – Il sera sage, mon beau bébé ? Il ne va pas crier ? Il ne va pas salir tout de suite sa belle coucouche bien sèche ? Guiliguili ?

Bébé. – Aaah ! Aaah !

La Mère. – Alors on va lui donner son biberon ! *(Elle lui donne le biberon, puis se tourne vers le chien.)* Et ça, qu'est-ce que c'est ? C'est mon beau toutou, ça, madame !

LE CHIEN. – Hi ! Hi ! Hi !

LA MÈRE. – Et qu'est-ce qu'il veut, mon beau toutou ? Il veut un nonos ?

LE CHIEN *(jappant)*. – Yap ! Yap ! Yap !

LA MÈRE. – Mais oui, bien sûr, il veut un nonos ! Hmmmm ! C'est bon ! *(Le chien fait le beau et prend l'os.)* Alors, maintenant, maman va faire la cuisine, et nous, pendant ce temps-là, nous restons là, bien sages ! Compris ? *(Elle sort.)*

BÉBÉ *(après un temps)*. – Elle est partie ?

LE CHIEN *(coup d'œil en coulisse)*. – Oui. je la vois dans la cuisine.

BÉBÉ. – Enfin ! On peut parler normalement !

LE CHIEN. – C'est vrai que c'est fatigant, la conversation, avec eux ! Mais que faire ? On est bien obligés de se mettre à leur portée... Dites-moi, cher bébé...

BÉBÉ. – Oui ?

LE CHIEN. – Vous n'êtes pas tenté, quelquefois, de leur parler vraiment ? Je veux dire : pour de bon ?

BÉBÉ. – Si. Une fois, je l'ai fait.

se mettre à la portée : se faire comprendre

être tenté : avoir envie

LE CHIEN. – Il y a longtemps ?

BÉBÉ. – Oh oui, assez longtemps. Il y a bien trois semaines... J'avais alors deux mois et demi, pas plus... Mon père m'a pris dans ses bras, maladroitement, comme toujours... Il m'a fait mal, et je lui ai dit... Enfin quoi, je lui ai dit zut !

LE CHIEN. – Zut ? Vraiment ?

BÉBÉ. – Non, pas vraiment. Le mot était plus fort.

LE CHIEN. – Et qu'est-ce qu'il a dit ?

BÉBÉ. – Lui ? Rien. Il est resté la bouche ouverte, et puis il m'a reposé comme si je le brûlais, comme si j'étais je ne sais pas quoi...

LE CHIEN. – Il n'a rien dit à votre mère ?

BÉBÉ. – Non. Il n'a pas osé. J'ai eu de la chance !

LE CHIEN. – Pourquoi ?

BÉBÉ. – Voyons, vous ne les connaissez pas ? S'ils savaient que je parle, ils me colleraient tout de suite au boulot ! J'ai intérêt à ne parler que le plus tard possible !

coller au boulot : mettre au travail *(langage familier)*

LE CHIEN. – Vous avez bien raison ! Moi-même, tenez, ils ne savent pas que je parle, mais ils ont deviné, je ne sais trop comment, que je comprends certains mots. Eh bien, depuis ce temps-là, ils en profitent pour m'embêter.

BÉBÉ. – Je m'en suis aperçu. *(Il « pousse ».)* Hhhhhan !

LE CHIEN. – Qu'est-ce qui vous arrive ? Je vous trouve bien sérieux, tout d'un coup...

BÉBÉ. – Une seconde, voulez-vous ? C'est cette couche neuve et sèche qui me gratte, qui me gêne... *(Il « pousse » encore.)* Hhhhhan ! Voilà ! Cette fois-ci, ça y est !

LE CHIEN. – Ça va mieux ?

BÉBÉ. – Beaucoup mieux. Maintenant c'est bien chaud, bien humide, confortable...

LE CHIEN. – Dois-je comprendre que vous venez à l'instant de... ?

BÉBÉ. – Eh bien oui, naturellement.

LE CHIEN. – Mais dites-moi : ils vont vous battre ?

BÉBÉ. – Me battre ? Pourquoi ?

LE CHIEN. – Moi, quand je fais ça ici, dans la maison, je suis battu.

BÉBÉ. – Où le faites-vous, alors ?

LE CHIEN. – Où on me dit de le faire. Dans la rue, dehors.

BÉBÉ. Et eux ? Ils le font dans la rue ?

LE CHIEN. – Eux ? Ah ! non ! Ils font ça dans l'appartement, mais pas n'importe où. Ils ont une petite pièce exprès pour.

BÉBÉ. – Pas possible !

LE CHIEN. – Si, si ! J'y suis entré, un jour. Une petite pièce étroite avec un siège en porcelaine, et qui sent très mauvais !

BÉBÉ. – Tiens ! Vous trouvez que ça sent mauvais ?

LE CHIEN. – Non, non, ce n'est pas ce que vous croyez ! Ça sentirait bon, au contraire ! Mais ça sent l'eau de javel, l'ammoniaque, la rose, la violette, le lilas... C'est dégoûtant !

l'ammoniaque : produit utilisé pour désinfecter

BÉBÉ. – Eh bien, dites donc ! Heureusement que je n'y vais pas !

LE CHIEN. – Pas encore, mais vous ne perdez rien pour attendre ! D'ici quelques années, ils vous y obligeront !

BÉBÉ. – Vous croyez ?

LE CHIEN. – J'en suis sûr ! Votre grande sœur y va déjà. Et si elle a le malheur de faire autrement...

BÉBÉ. – Eh bien ?

LE CHIEN. – On la bat. Comme moi.

BÉBÉ. – Vous me coupez l'appétit ! *(Il laisse tomber le biberon.)*

LE CHIEN. – *(Il s'en approche en reniflant.)* Dites-moi donc, à propos...

BÉBÉ. – Oui ?

LE CHIEN. – C'est bon, ce truc-là ?

BÉBÉ. – Quoi donc ?

LE CHIEN. – Ça, ce qu'elle vous a donné...

BÉBÉ. – C'est de mon biberon que vous voulez parler ? Moi, vous savez, je n'ai aucun point de comparaison, c'est toujours la même chose... Tout ce que je peux dire, c'est que c'est nourrissant. Et votre truc, à vous ? Votre os ?

la valeur nutritive : l'importance des éléments contenus dans un aliment, nécessaire à un être vivant

c'est zéro : ça ne vaut rien *(langage familier)*

LE CHIEN. – Eh bien, mon os, c'est tout le contraire ! Ça sent très bon, ça a du goût, mais comme valeur nutritive, c'est zéro ! Ça excite l'appétit, mais pas plus. On pourrait crever de faim à côté !

Bébé. – Elle prétend cependant que vous aimez les os.

prétendre : affirmer quelque chose qui ne semble pas vrai

Le Chien. – Pensez-vous ! Ils font semblant de croire ça parce que ça les arrange ! C'est une astuce qu'ils ont trouvée pour nous donner moins de viande ! Parce que la bonne viande, ils la gardent pour eux !

Bébé. – Mais alors, de quoi vous nourrissez-vous ?

Le Chien. – Des morceaux dont ils ne veulent pas... Par bonheur, ils n'ont aucun goût, de sorte qu'il y a encore là-dedans quelques très bonnes choses... Malheureusement ils ont la sale manie d'y mélanger tout un tas de saletés : du riz, du pain, des pommes de terre, des carottes, des navets...

Bébé. – Dites-moi, j'y goûterais bien un peu, à votre os... Je le trouve appétissant !

Le Chien. – Oh, ça ! Pour être appétissant ! Il n'est même rien d'autre !

Bébé. – Je pourrais y goûter ?

Le Chien *(faisant le sourd).* – D'ailleurs je ne dis pas que je crache dessus... Ça vaut mieux qu'un coup de pied au derrière...

cracher sur : détester *(langage familier)*

BÉBÉ. – Dites-moi, vous comprenez le français ?

LE CHIEN. – Hein ? Pardon ? Qu'est-ce que vous dites ?

BÉBÉ. – Je vous demande si vous voulez bien me prêter votre os !

LE CHIEN. – C'est que... Je n'aime pas beaucoup prêter ma nourriture...

bouffer :
manger
(langage familier)

BÉBÉ. – Je ne vais pas vous le bouffer ! Vous n'y arrivez pas vous-même !

LE CHIEN. – Ça, c'est vrai... Vous êtes propre, au moins ?

BÉBÉ. – Pour qui me prenez-vous ?

LE CHIEN. – C'est bon, le voilà, mon os... Mais de votre côté...

BÉBÉ. – Oui ?

LE CHIEN. – Vous voulez bien que je goûte à votre biberon ?

BÉBÉ. – Finissez-le, je n'en veux plus.

LE CHIEN. – Merci. *(Il tète.)* Hmmm ! Mais dites donc... Je vous trouve bien difficile ! C'est fameux, ce machin-là !

BÉBÉ. – Eh bien, tant mieux pour vous !

LE CHIEN. – C'est tiède, c'est sucré... Et puis c'est nourrissant, au moins, ça fait ventre... Je suis sûr que c'est plein de vitamines !

BÉBÉ *(rongeant l'os).* – Ma foi, je vous en dirais bien autant... Quel parfum ! Quelle saveur !

LE CHIEN. – Je ne vous dis pas le contraire...

BÉBÉ. – Il reste même un peu de viande au bout...

LE CHIEN. – Hein ? *(À part.)* Zut, alors ! Si j'avais su !

BÉBÉ *(tout excité).* – Hmm ! C'est bon, c'est fibreux... Ça me gratte les gencives...

LE CHIEN *(à part).* – Encore heureux qu'il n'ait pas de dents ! *(Haut.)* – Dites-moi, vous ne voulez pas...

fibreux : constitué de filaments

BÉBÉ. – Quoi ?

LE CHIEN. – Que je vous rende votre bouteille ?

BÉBÉ. – Pourquoi ? Vous avez tout bu ?

LE CHIEN. – Oui.

BÉBÉ. – En ce cas, je m'en fous. Gardez-la donc ! *(Il ronge encore l'os.)*

LE CHIEN *(à part).* – Il ne me rendra pas mon os ! *(Il gémit.)* Hi, hi, hi !

BÉBÉ. – Eh bien, qu'est-ce qui vous prend ?

LE CHIEN. – Je ne sais pas, je me sens tout chose, j'ai du vague à l'âme...

BÉBÉ. – Un peu d'angoisse existentielle, peut-être ?

LE CHIEN. – Oui, ce doit être ça... La vie est triste, mal faite, le monde est mal bâti...

BÉBÉ. – Que voulez-vous ? Le monde est comme il est... Ça passera, n'y pensez plus ! Hmmm ! Que c'est bon ! *(Il continue de ronger l'os.)*

LE CHIEN. – C'est affreux, il va tout bouffer ! *(Il gémit de plus en plus fort.)* Hiii ! Hiii ! Hiii !

LA MÈRE *(entrant).* – Eh bien, qu'est-ce qu'ils ont, mes petits chéris ? *(Outrée.)* Oh ! par exemple ! *(Elle arrache l'os au bébé et lui donne une tape sur la main.)* L'os du chien ! Et puis quoi encore ? Pour attraper toutes les maladies !

BÉBÉ *(hurlant).* – Ouaaah ! Ouaaah ! Ouaah !

avoir du vague à l'âme : être triste, mélancolique

une angoisse existentielle : peur, inquiétude liée à la vie

outré : indigné, scandalisé

LA MÈRE. – Et le biberon entre les pattes de cette sale bête ! Veux-tu lâcher ça tout de suite ? *(Elle bat le chien, puis sort en emportant le biberon et l'os.)*

LE CHIEN *(glapissant).* – Hayiyi ! Hayiyi ! Hayiyi ! *(Un temps. Ils se taisent tous les deux.)*

BÉBÉ. – Elle est partie ?

LE CHIEN. – Oui. Elle vous a fait mal ?

BÉBÉ. – Non, pas très.

LE CHIEN. – Pourtant, vous avez crié.

BÉBÉ. – Je crie toujours, c'est un système. Ils ne cessent de frapper que quand on crie bien fort.

un système :
une méthode

LE CHIEN. – Vraiment ? Vous avez de la chance ! Avec moi, ce n'est pas la même chose : j'ai beau gueuler comme un putois, ils continuent de cogner quand même !

gueuler comme
un putois :
crier très fort
(langage familier)

BÉBÉ. – Je reconnais que ce n'est pas drôle. Je suis de leur race, bien sûr, mais ça ne m'aveugle pas.

LE CHIEN. – Ils sont odieux, tout simplement. Infects. Dites-moi donc, cher bébé...

odieux :
insupportable

infect :
qui provoque
le dégoût

147

BÉBÉ. – Oui ?

LE CHIEN. – L'idée ne vous est jamais venue... ?

BÉBÉ. – De quoi donc ?

LE CHIEN. – De vous révolter contre eux ?

BÉBÉ. – Oh, que si, elle m'est venue ! Mais je n'en aurai pas le temps !

LE CHIEN. – Comment ça, pas le temps ? Vous avez tout le temps, au contraire ! Vous autres vous vivez des dizaines d'années !

BÉBÉ. – Oui, mais d'ici quinze ans, vingt ans tout au plus...

LE CHIEN. – Eh bien ?

BÉBÉ. – Je serai devenu l'un des leurs, et je serai de leur parti.

méditatif : plongé dans ses pensées

dialectiquement : logiquement

LE CHIEN (*méditatif*). – C'est vrai, je n'y avais pas pensé. En somme, dialectiquement parlant, votre révolution ne peut pas aboutir. Vous êtes condamné à trahir votre classe !

BÉBÉ. – C'est exactement ça !

LE CHIEN. – Le cas est curieux, en effet... Mais moi, ce n'est pas pareil !

BÉBÉ. – Parce que vous songez à la révolution ?

LE CHIEN. – Un petit peu, que j'y songe !

BÉBÉ. – Ah ! mais voilà qui est intéressant ! Et puis-je vous demander, si ce n'est pas indiscret, de me définir, au moins dans ses grandes lignes, votre projet révolutionnaire ?

LE CHIEN. – Eh bien, c'est simple : il faut d'abord que tous les chiens s'unissent. C'est d'ailleurs la devise de notre mouvement : TOUTOUS DE TOUS LES PAYS, UNISSEZ-VOUS !

une devise : un slogan, une formule qui exprime un idéal

BÉBÉ. Ensuite ?

LE CHIEN. – Ensuite, le jour J, nous égorgerons tous les hommes.

BÉBÉ. – Avec les femmes et les enfants, j'imagine ?

LE CHIEN. – Avec les femmes et les enfants, bien sûr.

BÉBÉ. – Et les bébés ?

LE CHIEN. – Les bébés ? Euh... Eh bien, les bébés... J'avoue que, quant à moi, je n'y ai jamais pensé !

BÉBÉ. – Mais moi, si vous le permettez, j'y pense !

LE CHIEN. – Évidemment, c'est naturel... Eh bien, euh, les bébés... Ils ne nous gênent pas, les bébés... tant qu'ils restent bébés...

BÉBÉ. – Et plus tard ?

LE CHIEN. – Plus tard, eh bien... ça dépendra ! Sils nous obéissent bien, s'ils sont très gentils avec nous, s'ils ne menacent pas de reprendre le pouvoir, nous pourrons les garder comme citoyens de deuxième classe dans la future république canine...

la république
canine :
la république des
chiens

BÉBÉ. – Ça ne marchera pas.

LE CHIEN. – Vous dites ?

BÉBÉ. – Je dis que ça ne marchera pas. Quand ils auront grandi, vos citoyens d'honneur, ils se soulèveront. Et, cette fois, ils vous massacreront tous !

LE CHIEN. – Ben mince, alors ! C'est vous qui me dites ça ?

BÉBÉ. – Je sais de quoi je parle. Je connais ma race.

égorger :
tuer en tranchant
la gorge

LE CHIEN. – Mais alors, dans ce cas... vous me conseilleriez de les égorger tout de suite, les bébés ?

BÉBÉ. – Absolument. Tout de suite. D'ailleurs, ça ne marchera pas non plus. Vous crèverez, de toute façon.

LE CHIEN. – Nous crèverons ? Et de quoi ?

BÉBÉ. – Vous crèverez de faim.

LE CHIEN. – Mais absolument pas ! Nous aurons à manger !

BÉBÉ. – Qu'est-ce que vous aurez à manger ?

LE CHIEN. – Tout !

BÉBÉ. – Quoi, tout ?

LE CHIEN. – Tout ce que les hommes gardent pour eux depuis des siècles : la bonne viande, le susucre...

BÉBÉ. – Et où la prendrez-vous, la viande ?

LE CHIEN. – Eh bien, comme eux : sur les animaux !

BÉBÉ. – Et quand vous aurez mangé tous les animaux ?

LE CHIEN. – Il restera le sucre. C'est nourrissant, le sucre.

BÉBÉ. – Et où le prendrez-vous, le sucre, quand il n'y aura plus d'hommes ?

LE CHIEN. Je ne sais pas... Sur l'arbre...

BÉBÉ. – Le sucre ne pousse pas dans les arbres.

LE CHIEN. – Et où pousse-t-il, alors ? Enfin, quoi, il faut bien que les hommes le prennent quelque part ?

BÉBÉ. – Je n'en sais rien et je m'en fiche. Mais, si j'étais à votre place, j'essaierais de le savoir avant de m'embarquer dans une révolution !

LE CHIEN *(furieux)*. – Oh, et puis zut ! Vous m'embêtez ! D'ailleurs je sais très bien pourquoi vous me dites ça ! Vous voulez me décourager ! Me démoraliser ! Me démobiliser ! Parce que vous êtes un ennemi ! un traître ! un faux frère ! Ce n'est pas juste ! Je proteste ! On me contrarie ! Ce monde est une vallée de larmes et un affreux séjour ! Ayiyi ! Ayiyi ! Ayiyi !

LA MÈRE *(entrant)*. – Qu'est-ce que c'est que ça encore ? Vas-tu laisser le bébé dormir tranquille, sale bête ? *(Elle bat le chien et le fait sortir.)*

démobiliser : faire perdre l'enthousiasme

LE CHIEN. *(Il sort en glapissant.)* – Ayiyi ! Ayiyi ! *(Sa voix se perd.)*

LA MÈRE. – Il est gentil, mon beau bébé ! Il ne s'est même pas réveillé ! *(Elle embrasse le bébé, puis elle sort.)*

BÉBÉ *(seul).* – L'imbécile !

Table

Si tu as aimé La Baba Yaga et les illustrations de Rebecca Dautremer, tu aimeras aussi :

Babayaga
de Taï-Marc Lethanh et Rebecca Dautremer
Éditions Gautier-Languereau

Et aussi…

**Hansel et Gretel
(Jeannot et Margot)
Jakob et Wilhelm Grimm**

Hansel, Gretel habitent avec leurs parents dans une chaumière près d'un bois. Ils sont pauvres et misérables. Plutôt que de mourir de faim, les parents décident d'aller perdre leurs enfants dans la forêt...

Collection : Monsieur Chat
Grasset Jeunesse

Si tu as aimé Les lézards de César, tu aimeras aussi :

Chacun son look
Pierre Cornuel

C'est difficile d'être à la mode surtout quand elle change tout le temps et qu'on est assailli d'images publicitaires vantant telle ou telle marque. Comment faire pour rester soi-même, c'est cela le plus important...

Lecteurs en herbe
Grasset Jeunesse

Si tu as aimé Sindbad le marin, tu aimeras aussi :

Les douze travaux d'Hercule
Jean Duché

Le bel Hercule réussira-t-il à sortir vainqueur des douze terribles épreuves à travers le monde auxquelles l'a condamné Héra ? Terrible est la colère des Dieux au royaume de l'Olympe et notre « super-héros » n'est pas au bout de ses peines. Dans un style plein d'humour, et très alerte, l'auteur nous offre une approche vivante de la mythologie qui permettra aux jeunes lecteurs de mieux connaître un héros comme le célèbre Hercule.

Collection : Lampe de poche
Grasset Jeunesse

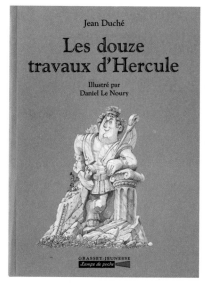

Jean Duché

Les douze travaux d'Hercule

Illustré par
Daniel Le Noury

GRASSET-JEUNESSE
Lampe de poche

Si tu as aimé les Farces pour écoliers, tu aimeras aussi :

Le marchand de fessées
Pierre Gripari

La vie difficile d'un marchand de fessées et de ses petites protégées dans un pays où les parents ne punissent jamais leurs enfants.

Collection : Lampe de poche
Grasset Jeunesse

Édition : Thierry Amouzou

Fabrication : Isabelle Simon-Bourg

Illustrations : Rebecca Dautremer, Nadine Van der Straeten,
Stéfany Devaux

Création et réalisation de la couverture : Estelle Chandelier

Maquette intérieure : Laurent Carré, Michaël Funck

Réalisation : Créapass Paris

Photogravure : Nord Compo

Achevé d'imprimer en Slovaquie par Polygraf
Dépôt légal : Septembre 2015 - Collection n° 73 - Édition 13
11/6480/5